目　录

• 特稿 •

• 特别策划 •

• 政策研究 •

• 热点关注 •

• 理论探索 •

• 调查研究 •

• 典型案例 •

集
刊

集刊名：中国教育发展与减贫研究
主　　编：李兴洲　白　晓　张　琦
主办单位：北京师范大学中国教育扶贫研究中心
　　　　　北京师范大学中国扶贫研究院

(Vol.2) China Education Development and Poverty Reduction Research

联系电话：58803971
电子邮箱：786599414@qq.com
通信地址：北京市新街口外大街19号京师大厦1109房间

总第4辑

集刊序列号：PIJ-2018-236
中国集刊网：www.jikan.com.cn
集刊投约稿平台：www.iedol.cn

中国教育发展与减贫研究

李兴洲　白　晓　张　琦　主　编

CHINA EDUCATION DEVELOPMENT AND POVERTY REDUCTION RESEARCH

2019 Vol.2 (Issue 4)

2

2019 年

（总第 4 辑）

《中国教育发展与减贫研究》2019 年第 2 辑
第 1 ~ 15 页

深入学习贯彻习近平总书记扶贫重要论述　着力加强贫困村创业致富带头人培育工作

刘晓山*

【摘　　要】贫困村创业致富带头人是发展本土产业的中坚力量，是引领群众在本乡参与生产或创业的领头雁、压舱石，是促进经济社会全面发展的新动能，是提升乡村社会治理水平的重要力量，是建强基层组织的生力军。应当扎实推进贫困村创业致富带头人培育工作，为打赢脱贫攻坚战、决战决胜全面小康，打造一支“不走的扶贫工作队”。

【关 键 词】脱贫攻坚　基层组织　人才培育

一　认真学习领会习近平总书记扶贫重要论述，深刻认识做好贫困村创业致富带头人培育工作的意义

习近平总书记扶贫重要论述博大精深，做好贫困村创业致富带头人培育

* 刘晓山，国务院扶贫办开发指导司副司长，国务院扶贫办贫困村创业致富带头人培育工程工作组组长，民进中央参政议政特邀研究员，主要研究方向为农村发展与扶贫宣传。

工作是其中的重要组成部分。习近平总书记明确指出“要加强贫困村‘两委’建设，深入推进抓党建促脱贫攻坚工作，选好配强村‘两委’班子，培养农村致富带头人，促进乡村本土人才回流，打造一支‘不走的扶贫工作队’”①；“农村经济社会发展，说到底，关键在人”②；“农村要发展，农民要致富，关键靠支部”③；“做焦裕禄式的县委书记”④；“打好脱贫攻坚战，关键在人，在人的观念、能力、干劲”⑤；“加大对西部地区干部特别是基层干部、贫困村致富带头人的培训力度，帮助西部地区提高当地人才队伍能力和水平，打造一支留得住、能战斗、带不走的人才队伍”⑥；“农村基层党组织是党在农村全部工作和战斗力的基础，是贯彻落实党的扶贫开发工作部署的战斗堡垒。抓好党建促扶贫，是贫困地区脱贫致富的重要经验”⑦。

中共中央国务院历来高度重视致富带头人的培养培育工作，并把它作为基层组织建设的重要内容来抓。“八七”扶贫攻坚以来关于扶贫开发、脱贫攻坚的主要政策性文件都对加强贫困村创业致富带头人培育的相关工作提出了要求。

1994年，国务院出台的《国家八七扶贫攻坚计划》提出“着力加强贫困乡、贫困村的基层组织建设，配备好带领群众脱贫致富的班子”。2011年12

① 习近平：《在十八届中央政治局第三十九次集体学习时的讲话》，http：//dangjian. people. com. cn/n1/2017/0317/c411656 - 29151799. html。

② 习近平：《在2013年中央农村工作会议上的讲话》，http：//jingji. cntv. cn/special/2013ncgzhy/。

③ 习近平：《在河北省阜平县考察扶贫开发工作时的讲话》，https：//mp. weixin. qq. com/s? src = 11×tamp = 1577259372&ver = 2055&signature = uG1XQO6QtlOssZ8LX2znDuxBKAyRc4qhXWdvKSeub2L6rdIzRyZkld * 7mJexZlKdeU3163RSgk4ReztJhavFC * xxOuiHsBE2ywOqpfno0gHHwaG3WNPJ * 4785GZaaAyR&new = 1。

④ 习近平：《做焦裕禄式的县委书记》，中央文献出版社，2015。

⑤ 习近平：《在打好精准脱贫攻坚战座谈会上的讲话》，http：//theory. people. com. cn/n1/2019/ 0116/c40531 - 30544508. html。

⑥ 习近平：《在东西部扶贫协作座谈会上的讲话》，http：//china. cnr. cn/news/20160722/t201607 22_ 522751852. shtml。

⑦ 习近平：《在河北省阜平县考察扶贫开发工作时的讲话》，https：//mp. weixin. qq. com/s? src = 11 ×tamp = 1577259372&ver = 2055&signature = uG1XQO6QtlOssZ8LX2znDuxBKAyRc4qhXWdvKSeub2L6rdIzRyZkld * 7mJexZlKdeU3163RSgk4ReztJhavFC * xxOuiHsBE2ywOqpfno0gHHwaG3WNPJ * 4785GZaaAyR&new = 1。

月中共中央国务院印发的《中国农村扶贫开发纲要（2001～2010）》提出“切实加强农村基层组织建设……不断提高带领群众脱贫致富能力”；“发挥创业人才在扶贫开发中的作用，加大贫困地区干部和农村实用人才的培训力度”。2015年11月《中共中央国务院关于打赢脱贫攻坚战的决定》提出“大力实施边远贫困地区、边疆民族地区和革命老区人才支持计划，贫困地区本土人才培养计划。积极推进贫困村创业致富带头人培训工程”。2018年6月15日《中共中央国务院关于打赢脱贫攻坚战三年行动的指导意见》提出“加强精准脱贫攻坚行动支撑保障。实施人才和科技扶贫计划，加强贫困村创业致富带头人培育培养，提升创业项目带贫减贫效果”。要认识做好贫困村致富带头人培育工作的意义，首先要认清打赢脱贫攻坚战的重要意义。

（一）打赢脱贫攻坚战的意义

习近平总书记指出：“全面建成小康社会、实现第一个百年奋斗目标，最艰巨的任务是脱贫攻坚战，这是一个最大的短板，也是一个标志性指标。我们中国共产党人从党成立之日起就确立了为天下劳苦人民谋幸福的目标。这就是我们的初心。我们党一开始就是为改变穷苦人民命运而带领他们进行革命的，当年打土豪、分田地，开展湖南农民运动，发动秋收起义、上井冈山，都是为了穷苦人民。到我们党成立一百年时，到新中国成立七十年时，如果还没有解决贫困人口脱贫问题，那党的宗旨怎么体现、我们的承诺怎么兑现呢?”[①] “反贫困是古今中外治国理政的一件大事。消除贫困、改善民生、逐步实现共同富裕，是社会主义的本质要求，是我们党的重要使命。”[②] “民为邦本，未有本摇而枝叶不动者。”“天下之治乱，不在一姓之兴亡，而在万民之忧乐。”“我们共产党人必须有这样的情怀。中国共产党在中国执政就是要为民造福，而只有做到为民造福，我们党的执政基础才能坚如磐石。”[③] “我们实现第一个百年奋斗目标、全面建成小康社会，没有老区的全

① 中共中央党史和文献研究院：《习近平扶贫论述摘编》，中央文献出版社，2018。
② 中共中央党史和文献研究院：《十八大以来重要文献选编》（下），中央文献出版社，2018。
③ 中共中央党史和文献研究院：《十八大以来重要文献选编》（下），中央文献出版社，2018。

面小康，特别是没有老区贫困人口脱贫致富，那是不完整的。这就是我常说的小康不小康、关键看老乡的涵义。”① “经过改革开放三十七年来的努力，我们成功走出了一条中国特色扶贫开发道路，使七亿多农村贫困人口成功脱贫，为全面建成小康社会打下了坚实基础。我国成为世界上减贫人口最多的国家，也是世界上率先完成联合国千年发展目标的国家。我国扶贫开发取得的伟大成就，为全球减贫事业做出了重大贡献，得到了国际社会广泛赞誉。这个成就，足以载入人类社会发展史册，也足以向世界证明中国共产党领导和中国特色社会主义制度的优越性。”② “在发展中国家中，只有中国实现了快速发展和大规模减贫同步，贫困人口共享改革发展成果，这是一个了不起的人间奇迹！”③

党的十八大以来，以习近平同志为核心的党中央把脱贫攻坚摆到治国理政的重要位置，动员全党全社会力量，打响了脱贫攻坚战，取得了举世瞩目的成就，展现了中华民族优秀的精神品质和才干智慧，诠释了中国特色社会主义道路的优越性；为人类发展进步的反贫困事业积累了宝贵经验，受到社会各界和国际社会的一致好评。

打赢脱贫攻坚战的意义主要体现在五个方面：

（1）消除贫困是人类梦寐以求的理想，打赢脱贫攻坚战、消除绝对贫困是人类发展的里程碑；

（2）消除贫困、改善民生、逐步实现共同富裕，是社会主义的本质要求，是社会主义理论的生动实践；

（3）我国全面建成小康社会，打赢脱贫攻坚战是标志性指标，是中国共产党的初心和庄严承诺；

（4）打赢脱贫攻坚战，是新时代中国特色社会主义治国理政和社会发展的必然趋势和现实要求；

---

① 习近平：《在陕甘宁革命老区脱贫致富座谈会上的讲话》，http：//www. chinanews. com/gn/2016/06 – 10/7899945. shtml。

② 中共中央党史和文献研究院：《十八大以来重要文献选编》（下），中央文献出版社，2018。

③ 习近平：《在解决“两不愁三保障”突出问题座谈会上的讲话》，http：//news. youth. cn/sz/2019 08/t20190815_ 12042137. htm。

（5）打赢脱贫攻坚战，彰显了中国共产党人和中国人民的“四个自信”，是国家软实力的重要体现。

（二）做好贫困村创业致富带头人培育工作的意义

选好用好贫困村创业致富带头人，是促进贫困人口稳定脱贫的治本之策。主要意义体现在如下五个方面。

1. 贫困村创业致富带头人是发展本土产业的中坚力量

脱贫攻坚，发展产业、提升产业附加值是根本措施。中西部要发展，人才是关键中的关键。我们培育贫困村创业致富带头人要将带头人具有领办村级产业项目的实力和能力作为基本条件。从全国发展较好的乡村和地区情况看，乡村干部或领头人（核心人物）基本都是发展本土产业的行家能手，而且在产业发展上下功夫最大，是响当当的发展本土产业的中坚力量。

2. 贫困村创业致富带头人是引领群众在本乡参与生产或创业的领头雁、压舱石

近年来，返乡创业农民工数量大幅增长，很大程度上是因为家乡有吸引他们的产业和发展产业的带头人。他们跟着发展产业的“领头雁”，在家乡通过劳动，获得稳定的收入，既能建设家乡，又不需要丢下老小、背井离乡，有利于稳定家庭、养老敬老、教育后代，同时为农村繁荣稳定起到了压舱石的作用。

3. 贫困村创业致富带头人是促进经济社会全面发展的新动能

我们通过对贫困村创业致富带头人培育工作开展较好的部分脱贫摘帽县进行调研发现，它们的其他各项工作水平也都得到明显提升。而这些工作成效之所以能够取得，是因为贫困村创业致富带头人发挥了重要作用。贫困村创业致富带头人多是新思想、好模式、强经济的重要贡献者、引领者，是促进乡村经济社会全面发展的新动能。

4. 贫困村创业致富带头人是提升乡村社会治理水平的重要力量

中国社会是一个乡土社会，山水田园、阡陌乡村浸染在我国传统文化之中，承载着中国人千回百转的乡愁。贫困村创业致富带头人是当地经济活动的主导者，自然也是道德伦理的重要影响者，是提升乡村治理水平的重要力量。

5. 贫困村创业致富带头人是建强基层组织的生力军

习近平总书记指出，“回顾党的历史，为什么我们党在那么弱小的情况下能够逐步发展壮大起来，在攻坚克难中能够不断从胜利走向胜利，根本原因就在于不管是处于顺境还是逆境，我们党始终坚守为中国人民谋幸福、为中华民族谋复兴这个初心和使命，义无反顾向着这个目标前进，从而赢得了人民衷心拥护和坚定支持”①。“要把扶贫开发同基层组织建设有机结合起来，抓好以村党组织为核心的村级组织配套建设，把基层党组织建设成为带领乡亲们脱贫致富、维护农村稳定的坚强领导核心，发展经济、改善民生，建设服务型党支部，寓管理于服务之中，真正发挥战斗堡垒作用。”②

党只有代表人民、团结人民、依靠人民才有生命力、凝聚力和战斗力。我们在培育、支持贫困村创业致富带头人的全过程中，始终不能忘记党的初心和使命，要坚持党性与人民相统一，要清楚地认识到培育带头人就是为我们党的事业培养人才、培养骨干力量。要将带头人培养成党员、培养成干部，培养成我们基层组织的生力军。我们贫困地区党的基层组织要十分明确目前的主要任务是脱贫攻坚，村“两委”的主要能力要体现在坚决打赢打好脱贫攻坚战上。要将培育带头人和党的事业紧密结合起来，把基层党组织建设成为农村一切工作的领导核心、战斗堡垒。

二　目前贫困村创业致富带头人培育工作取得的成效和存在的问题

（一）脱贫攻坚形势任务、困难和问题

脱贫攻坚要突出抓好的工作、解决的困难和问题是我们基层工作的重

① 习近平：《在中共中央政治局第十五次集体学习时的讲话》，http：//www. dangjian. com/djw2016sy/djw2016wkztl/wkztl2016xihy/201907/t20190708_ 5177161. shtm。

② 习近平：《做焦裕禄式的县委书记》，中央文献出版社，2015。

点，也是贫困村创业致富带头人培育工作的重点。党的十八大以来，我国脱贫攻坚取得了重大决定性成就。2019 年和 2020 年这两年决战决胜脱贫攻坚要突出抓好的工作包括：一是坚持目标标准；二是推进深度贫困地区攻坚；三是解决“两不愁三保障”突出问题；四是提高脱贫质量、防止返贫；五是防止脱贫摘帽后工作松劲懈怠。

当前脱贫攻坚工作中仍然存在一些制约如期完成目标任务的困难和问题，大体可分为三类。第一类是直接影响完成脱贫攻坚目标任务的问题；第二类是工作中需要进一步改进的问题；第三类是需要长期逐步解决的问题。

（二）贫困村创业致富带头人培育工作取得的成效和存在的问题

根据我们对 2014 年 2948 万建档立卡贫困户致贫原因的统计分析发现，超过 70% 的贫困户是因缺乏发展能力而陷入贫困，而目前进入攻坚克难关键时期后，剩下的贫困人口更是处于发展能力弱中之弱的困境中。培育贫困村创业致富带头人，建立一支“永不走的工作队”是解决上述问题的关键，是贫困村的现实需要和党的事业的要求，是脱贫致富的治本之策。

开展脱贫攻坚以来，国务院扶贫办将贫困村创业致富带头人培育工作列入精准扶贫的十大工程之一，闽甘闽宁、粤桂试点，分别探索出了福建蓉中村“1 +11”培育模式、广西上林县“双培双带双促”模式，总结了江西石城县党建促攻坚培育带头人的典型经验，并先后设立了福建蓉中村、广东佛山九江河清村、江苏张家港善港村三个贫困村创业致富带头人培训基地，在宁夏固原、广西上林召开了现场会。2018 年国务院扶贫办会同科技部、财政部等 8 部委联合印发了《关于培育贫困村创业致富带头人的指导意见》（以下简称《指导意见》）。

目前该项工作进展顺利，截至 2018 年底，全国共遴选出带头人 28 万多人，培训近 16 万人。中央组织部 2018 年 7 月 1 日发布的党内统计数据显示，截至 2017 年底，全国基层党组织带头人队伍素质进一步提升，在 54.4 万名村党组织书记中，拥有大专及以上学历的占 17.4%。贫困人口参与入股、就业人数达 170 多万。

但也存在以下几个方面的困难和问题。

一是一些干部对这项工作的认识有偏差。没有认识到培育带头人工作的重要性，没有将培育带头人工作与建强基层组织工作很好地结合起来。

二是选人程序不规范。在执行8部委印发的《指导意见》时，在带头人培育对象的选择条件、选择范围、选择程序等方面存在不严格、不到位的问题。

三是对带贫成效的认识与带贫机制建设不精准。带贫成效与带贫机制是“带头人”培育工作的风向标，是该项工作成效检验标准的核心和关键要素。带贫成效与带贫机制有欠缺，就容易变成扶富不扶穷，从而违背培育带头人的初衷。在贫困地区发展产业，不仅要让爱心企业爱有所获、智者能人劳有所得，更关键的是要让贫困群众脱贫致富。现在有些贫困地区扶持产业、扶持能人，忽视了算贫困群众参与数量的账，忽视了算贫困群众所获利益占比的账，也忽视了算长远发展的账。只要是来贫困地区发展产业或投资，就盲目给予各种支持，这种现象并不少见，是一种大水漫灌和不负责任的表现。做好扶持脱贫致富带头人的工作，要时刻坚持精准扶贫、精准脱贫基本方略，要有长期稳定脱贫的意识。

四是在按职责落实、用好政策上下功夫不够。8部委印发的《指导意见》和国务院办公厅2018年底印发的《关于深入开展消费扶贫助力打赢脱贫攻坚战的指导意见》已对培育带头人工作明确了方向和主体责任，也明确了多项支持政策，强化了监督问责等。但从我们所了解到的情况看，各地在按职责将政策落实、落细、创新上还有欠缺，立得住、叫得响的经验不多。比较成系统、成体系地出台政策并做出成效的还是少。

五是在发挥好贫困群众主体作用方面作为不够。习近平总书记指出，“贫困群众既是脱贫攻坚的对象，更是脱贫致富的主体”。脱贫攻坚是民生工程、民心工程，但如果政府包办代替、“为民做主”，群众不理解、不支持、不配合，好事也可能变成坏事。要发挥好带头人的作用，但更要充分尊重贫困群众意愿，让贫困群众参与到项目选择、实施、管理、监督、验收等各环节，广泛调动他们的积极性、主动性、创造性，激发贫困群众的内生动力。目前仍存在群众参与度不高的问题，如有部分农民合作社建设不规范，没有体现贫困群众的主体作用等。

六是有利于扶持培育带头人的市场环境、社会导向尚未形成。在市场经济条件下，致富带头人整合资源、投资创业、发展产业、拓展市场都需要一个良好的市场环境和社会支持的氛围。当前，各地各相关部门、行业在执行政策时，在关注政策导向和政策具体实施办法方面还不是很有力。如在细化落地政策，通过建立扶贫脱贫信誉评价体系加大扶持力度、建立正向激励机制等方面还不够完善。

七是总结经验典型、激励学习宣传还不够。近年来，脱贫攻坚涌现出一批先进模范和脱贫攻坚奖获得者，其中有不少是优秀贫困村创业致富带头人、带头人导师。但无论从数量还是质量来说，带头人培育工作都与脱贫攻坚的需要有差距；与我们要建立营造的培育长效机制的氛围有差距；与调动各行业、各地区力量，建立大扶贫格局的需要有差距；与建立适合不同地区、不同产业、不同层面人群发展，形式多样的带头人扶贫模式有差距。总之，总结经验典型、激励学习宣传还不够。

三　扎实推进贫困村创业致富带头人培育工作，为打赢脱贫攻坚战、决战决胜全面小康，打造“一支不走的扶贫工作队”

（一）开展贫困村创业致富带头人工作基本要求

为开展好培育贫困村创业致富带头人工作，根据2018年国务院扶贫办等8部委联合下发的《指导意见》要求，结合工作需要，笔者接下来谈谈自己对开展这项工作的理解。

1. 工作原则

一是坚持带动贫困群众脱贫致富；二是坚持科学选择发展产业；三是坚持生态发展理念；四是坚持群众满意检验标准。

2. 工作目标

（1）培育数量。致富带头人培养规模，由各地根据实际情况确定，原则上力争为每个贫困村培养 3 ~5 名致富带头人。

（2）培育质量。一是建立项目减贫带贫机制，完善创业项目用工带贫制度。贫困村创业致富带头人在贫困村领办创办产业项目时，应积极吸纳贫困人口稳定就业并建立密切的利益联结机制。二是完善资产收益扶贫益贫制度。推动贫困户通过土地经营权入股项目，在贫困户取得收益前要对其长期利益保障做出制度安排。财政投入的资产收益扶贫项目赋予村集体股权，收益主要通过开展公益岗位扶贫、奖励补助扶贫等方式，激励贫困人口劳动致富、脱贫光荣。三是参考“5379”标准。“5”是指贫困人口占扶贫车间人数的 50%；“3”是指贫困人口占扶贫企业人数的 30%；“7”是指贫困人口占扶贫专业合作社人数的 70%；“9”是指贫困人口占公益岗位人数的 90%。这只是个价值取向，供读者参考，各地要根据实际情况和脱贫攻坚形势任务来确定，不搞“一刀切”。

3. 工作程序

（1）选择条件。成为贫困村创业致富带头人的基本条件是爱党爱国、遵纪守法、品行端正、个人信用记录良好、具有领办村级产业项目的实力和能力、有意愿履行带动贫困人口脱贫致富社会责任的本土人才。

（2）选择范围。主要从贫困村创业人员中选择，包括村“两委”成员、村级后备干部、农村党员、农民专业合作社负责人、小微企业主、家庭农场主、种养业大户和农业产业化企业负责人；在外创办企业、务工有意愿回村创业的本土人才；企事业单位愿意回贫困村创业的人员。

（3）选择程序。贫困村创业致富带头人选择，要按照自下而上、公开公示的程序进行。基本程序是：由本人申请、村“两委”推荐、贫困村第一书记和驻村工作队队长考察、乡政府审核，报县级有关部门审定后确定。

（4）组织培训。主要解决信心认识问题和专业知识、技能问题。

（5）孵化培育。解决产业选择、资金、市场等方面的问题。一是选择培育贫困村创业致富带头人的导师；二是选择适合在贫困村当地培育发展的产业；三是“拜师认徒”；四是制订培育计划，师徒互签帮扶协议；五是政府扶持、政策支持；六是考察跟踪、孵化培育；七是评估激励。

4. 政策支持

强化以减贫带贫实效为导向的激励措施。

一是强化金融支持政策。各金融机构要针对贫困村创业致富带头人领办创办项目的特点，创新金融产品和服务，重点加大对带动能力强、发展前景好的创业项目的支持力度。保险机构要把贫困村创业致富带头人发展的产业项目纳入保险扶贫范围，使其享受保险扶贫优惠政策，积极开发适宜产品，适度提高保额，适当降低保险费率。

建立健全贫困地区融资风险分担和补偿机制，鼓励有条件的地方设立扶贫贷款风险补偿基金、担保基金、扶贫产业基金。支持贫困地区设立政府出资的市场化融资担保机构，地方政府依法在出资范围内对担保公司承担责任。鼓励和引导有实力的融资担保机构，通过联合担保以及担保与保险相结合等多种形式，为贫困村创业致富带头人提供融资担保。落实创业担保贷款贴息、农业保险保费补贴等政策，支持符合条件的创业项目。

二是探索企事业单位人员回村创办项目支持政策。深度贫困地区可支持符合条件的企事业单位人员回流贫困村领办创办项目。回村创业期间，按照有关规定探索实行离岗后保留人事关系、保留基本待遇办法（宁夏固原就在这方面做了探索）。

三是进一步强化对贫困村的技术支持。结合实施科技扶贫“百千万”工程，鼓励和支持科技特派员开展创业式扶贫服务。引导社会力量支持贫困村创业致富带头人领办创办项目，做好与“万企帮万村”“携手奔小康”等帮扶行动的对接。发挥中国社会扶贫网作用，为项目拓展市场和创业资源整合提供服务。

5. 检验标准

检验标准有如下七条：一是贫困村创业致富带头人的培养对象要精准；二是扶贫对象要精准（价值取向，参考“5379”标准）；三是建强基层党组织；四是壮大促进集体经济发展；五是产业呈良性发展趋势；六是乡村治理水平稳步提高；七是无违法违规不良行为。

6. 检验方法

检验方法包括：群众公认、组织考察、相互评估、专家评议等。

7. 组织保障措施

一是明确主体责任。培育贫困村创业致富带头人，应坚持省负总责、市县抓落实的工作机制。各地要结合本地实际制定具体实施意见或方案，把工作绩效纳入考核评估范围，对市、县级贫困村创业致富带头人的培育数量、带动贫困户数量和增收脱贫效果等进行考核评估，形成正确的价值导向，引导更多社会力量参与脱贫攻坚。

县级应建立信息档案库，及时采集贫困村创业致富带头人创办企业、实施项目、享受政策扶持等情况，以及带贫人数、带贫方式、带贫效果等信息，将其录入全国扶贫开发信息系统。坚持每年进行动态调整，贫困村创业致富带头人相关信息发生变化的要及时更新。

二是加强工作统筹。有关部门要加强对贫困村创业致富带头人培育工作的指导，注重引导带头人积极承担社会责任，确保带头人培育工作取得实效。促进贫困村党组织和带头人两支队伍有机融合，既要把村党组织和有致富能力的党员培养成贫困村创业致富带头人，又要把优秀带头人发展成党员、培养成村“两委”成员，切实做到以党建促脱贫，以脱贫促党建。进一步加强农村基层党组织建设，强化村级党组织领导核心作用，夯实党在农村的执政基础，为脱贫攻坚提供坚强的人才支撑和组织保证。把促进带头人领办创办项目与壮大村级集体经济有机结合，探索发展村社一体的村集体经济。

要结合农村实用技术培训，加大对贫困村创业致富带头人的培训力度。搭建好与龙头企业的对接交流平台，促进深度分工合作。进一步强化对贫困村的技术支持。

三是强化监督问责。加强对贫困村创业致富带头人的监督管理，对带贫益贫成效显著的给予表彰；对贫困村“垒大户”、扶能人不扶贫困户、创业项目带贫益贫效果不明显等问题，要及时发现、及时整改；对骗取、套取扶贫资金等突出问题，依据有关规定，严肃查处并对有关责任人予以问责。

（二）做好贫困村创业致富带头人培育工作的经验启示

国务院扶贫办等8部委的《指导意见》下发后，为变“盆景”为“风景”，2018年，国务院扶贫办在国家层面举办了现场会和贫困村创业致富带头人的示范培训班。现各地都在有计划地遴选一批贫困村创业致富带头人培育对象进行培训，正将成功的培育模式逐步推广。下一步，将围绕贯彻落实《指导意见》，完善政策，并进行检查落实、评估总结，进一步打造相关行业部门合力支持的省级市级县级和东西部协作、定点帮扶等模式，提升质量效果，推广典型经验。

这里介绍三个典型案例，供大家学习借鉴。

案例1：福建蓉中村“1+11”培育带头人模式。“1”是指为期1个月的基地培训。它可以完成四项内容，解决四个问题：第一，点燃创业激情，解决认识和信心欠缺问题；第二，选准创业方向，解决专业知识技能不熟问题；第三，观摩学习，解决选择合作学习对象问题；第四，制订创业计划，解决由谁帮助设计创业规划问题。“11”是指为期11个月的“拜师认徒”创业孵化培育。在政府支持下，由师傅对徒弟，在资源配置、项目培训、项目管理、产品回收、产品加工、产品包装、销售渠道等方面给予支持指导帮助。

案例2：粤桂（东西）协作“产业培育+致富带头人培育”试点。在国务院扶贫办的推动下，“两广”扶贫部门协调佛山市南海区同南宁市上林县结对子（县对县），研制《试点行动方案》，由南海区九江培训基地承办，以东部地区高值渔产业向西部地区扩散转移为载体，有针对性地帮助上林县培训培育贫困村创业致富带头人。实施“两培两带两促”，即培训创业致富带头人，培育扶贫产业；带动贫困户，带动贫困村；促进本土人才回流，促进贫困村基层党建；构建完善“1+N”体系，即1个县创业服务中心、N个产业创业孵化实训基地，构建创业培育体系和扶贫产业体系；健全三项机制，即创业致富带头人管理机制，扶贫创业导师管理机制，培育工程推进绩效考核评估机制。

案例3：江西石城县实施“千人铸造计划”培育创业带头人。提出8个机制，即建立双带融合机制——严格筛选；建立返乡召回机制——引凤还巢；建立金融扶持机制——保驾护航；建立东西协作机制——招才引智；建立帮扶益贫机制——搭建平台；建立帮带管理机制——灵活模式；建立正向激励机制——永葆激情；建立考核评估机制——确保实效。实现四个坚持，解决四个问题：一是坚持条件与程序并重，选出优秀培育对象；二是坚持自觉与带学并进，分层帮带培育能力；三是坚持考核激励与政策并举，按贡献大小支持推荐起用或授誉；四是坚持发展产业与利益联结并行，发挥好政府支持引导和市场两个作用。

从近几年各地开展培育贫困村创业致富带头人的工作经验看，培育贫困村创业致富带头人应该处理好五个关系：①大力支持贫困村创业致富带头人与为民谋利益的关系；②党委、政府支持和群众参与认可的关系；③培育贫困村创业致富带头人与建强基层组织的关系；④物质扶贫与扶志扶智的关系；⑤发展产业与保护生态及长远发展的关系。

一些地方培育贫困村创业致富带头人的成功实践，带给我们的有益启示有：①各级党委、政府的重视支持是重要前提；②优秀的领军人才和专业团队是关键；③发挥好基层组织作用是根本保障；④产业项目是贫困村创业致富带头人成长的重要载体；⑤增强基层组织战斗力和增加村集体收入是培育贫困村创业致富带头人的重要任务；⑥群众认可是检验贫困村创业致富带头人工作成效的标准；⑦建立适当规模的教学和见习基地是加快培育贫困村创业致富带头人的有效办法。

关于带头人的作用，中国很早就有一只羊带领一群狼和一只狼带领一群羊的比喻。带头人的能力强弱很大程度上将决定一个群体的强弱兴衰。从每个已经发展起来的企业和村庄的发展轨迹看，它们几乎都有很强的带头人。脱贫攻坚更是如此，特别是到了2020年这个难中之难、坚中之坚的时刻，更需要选好用好带头人，建强基层组织，做实做好脱贫和稳定脱贫成果的工作。

我们要认真学习贯彻落实习近平总书记扶贫重要论述，以全党开展

“不忘初心、牢记使命”主题教育活动为契机，守初心、担使命、找差距、抓落实，扎实做好贫困村创业致富带头人工作，为打造一支过硬的人才队伍、永不走的扶贫工作队，为如期全面打赢脱贫攻坚战、全面建成小康社会做出新的更大贡献！

《中国教育发展与减贫研究》2019 年第 2 辑
第 16～21 页

对扶贫脱贫面临新挑战的思考与建议

张 琦　沈扬扬*

【摘　　要】 近几年我国不断完善精准扶贫战略布局体系，创造了中国扶贫历史上的最好成绩，但新时代扶贫工作仍然面临严重挑战，因此，我们必须做好艰苦攻克深度贫困的思想准备，克服对基础性扶贫工作后续保障问题思考和准备上的缺陷与不足，重视做好非贫困村、非贫困县特别是脆弱群体的脱贫工作。

【关 键 词】 脱贫攻坚　扶贫政策　精准扶贫

2018 年是我国改革开放 40 周年，也是脱贫攻坚最为关键的一年，从全国扶贫工作会议所呈现的信息看，2018 年脱贫人口达 1000 万以上，脱贫摘帽县达 200 多个，这也就预示着，之后的脱贫攻坚任务将会更加艰巨，对此，需要保持清醒的头脑和积极向上的热情，坚决打赢和打好脱贫攻坚战。

* 张琦，北京师范大学中国扶贫研究院院长，教授，博士生导师，主要研究方向为扶贫政策；沈扬扬，北京师范大学中国扶贫研究院讲师，主要研究方向为扶贫政策。

一　我国扶贫政策的新进展

2018年是我国改革开放40周年。1978年以来，中国由一个低收入国家发展成一个中等偏上收入国家，并成为首个实现联合国千年发展目标、使贫困人口比例减半的国家，创造了中国减贫的世界奇迹。

2014年，全国贫困人口建档立卡，我国正式进入“精准扶贫”新时期。在党中央领导下，政府不断加大扶贫工作投入力度，力求通过精准扶贫战略提高扶贫效率，做到真扶贫、扶真贫。例如，2018年中央财政补助地方专项扶贫资金达到1060.95亿元，并新增200亿元资金全部用于支持深度贫困地区脱贫攻坚。自2015年以来陆续出台《中共中央国务院关于打赢脱贫攻坚战的决定》、《“十三五”脱贫攻坚规划》以及《中共中央国务院关于打赢脱贫攻坚战三年行动的指导意见》，层层递进，不断完善精准扶贫战略布局体系。

在扶贫项目开展上，中国仍坚持产业扶贫、易地扶贫搬迁、教育扶贫、生态保护扶贫、兜底保障“五个一批”及健康扶贫等多管齐下的扶贫方式，帮助贫困人口脱贫。从近年出台的扶贫政策文件来看，大体可归为以下三类：一是对已有扶贫攻坚战略的细化补充。例如，《贫困残疾人脱贫攻坚行动计划（2016～2020年）》《关于支持深度贫困地区脱贫攻坚的实施意见》《深度贫困地区教育脱贫攻坚实施方案（2018～2020年）》，进一步提升对贫困残疾人、深度贫困地区人群，以及深度贫困地区教育质量改善的重视程度。二是体现政府、智库等实践探索的扶贫新思路。例如，《关于切实做好社会保险扶贫工作的意见》强调了保险在防范返贫方面的作用，《生态扶贫工作方案》提出了坚持脱贫攻坚与生态文明建设“双赢”的思路，《关于推进网络扶贫的实施方案（2018～2020年）》将缩小“数字鸿沟”，让更多建档立卡贫困人口有机会通过农村电商、远程教育、远程医疗等方式享受优质公共服务作为扶贫新模式。三是不断修正和完善已实施的扶贫政策。例如，针对支农资金在支持农户资产收益中出现的问题，财政部、原农业部和国务院扶贫办及时下发《关于做好财政支农资金支持资产收益扶贫工作的通知》。政府继续坚持精准扶贫战略，在扶贫攻坚战中不断总结经验，吸取教训，砥砺前行。

在党中央政策的指导下，经过广大扶贫干部的努力，依托社会与群众参与，截至2017年底，我国农村贫困发生率下降至3.1%，贫困县数量实现首次减少，创造了中国扶贫历史上的最好成绩。2018年底，又有1000多万贫困人口脱贫。

二 新时代扶贫工作存在的主要问题和面临的挑战

（一）要做好艰苦攻克深度贫困的思想准备

“脱贫攻坚本来就是一场硬仗，而深度贫困地区脱贫攻坚是这场硬仗中的硬仗。”原因在于深度贫困地区的贫困程度更深、构成人员更为特殊（少数民族人口占将近八成）、区域基础条件更差，以及贫困成因复杂（主要表现为疾病、残疾、老龄化、抗风险能力差）且难攻克。这就意味着要做好长期攻克深度贫困问题的准备，同时要反复论证深度贫困地区的扶贫方案。

（二）克服对基础性扶贫工作后续保障问题思考和准备上的缺陷与不足

在各地调研过程中，我们发现一个普遍的共性问题是，由于扶贫项目的实施期截至2020年，除部分地区（如河北省）考虑了“后三年”的后续保障问题外，多数省份受财政资金、日常工作重点调整等约束，无力充分保障2020年后对贫困地区和贫困人群的可持续性支持。考虑到贫困问题具有长期存在和不可避免的特性，贫困户实现能力脱贫需要一定时间（一代甚至几代人的勤奋努力和思想转变），再加上要解决深度贫困问题，我们需要出台持续性扶贫政策。因此，需要重视并思考基础性扶贫工作的后续保障问题。

（三）当前面临的非贫困村和非贫困县脱贫任务十分艰巨

现阶段日益凸显的一个问题是国家对贫困县与非贫困县、贫困村与非贫困村的资金投入力度以及帮扶力度之间存在差距，导致部分非贫困县和非贫困村的发展程度，落后于近几年受扶贫政策支持的贫困县和贫困村。例如，河北张家口就提出了非贫困村的问题，其在脱贫攻坚工作情况汇报中指出：“截至2017年底，全市非贫困村贫困人口占贫困人口总数的57%，非贫困村贫困发生率大于30%的占5.3%。但由于地方政府帮扶力度有限，主要帮扶力量仍集中在贫困村，加之政策上仍主要要求扶贫资金投向贫困村，非贫困村的脱贫任务十分艰巨。”故此，在乡村振兴背景下，亟待缩小贫困村与非贫困村、贫困县与非贫困县的发展差距。

（四）脆弱群体政策支持力度亟须持续加强

当前的扶贫救助对象主要是收入在贫困线以下的建档立卡户。在各种扶贫政策的作用下，他们的贫困状况得到了缓解或者直接摆脱了贫困。然而，还有一大批农村人口的收入只是略高于扶贫标准，具有陷入贫困的极大风险。他们属于脆弱群体，是一个可能随时受到冲击并陷入贫困的群体。但由于他们不是建档立卡户，无法享受到各类扶贫政策。如果将他们与建档立卡户进行比较可以发现，在生活状况与陷入贫困的概率上，两个群体之间并没有显著差异；而在享受的公共政策方面，却有着巨大的差异。这种差异会激发脆弱群体的不公平感，引发社会矛盾。因此，如何逐渐将扶贫政策辐射到边缘低收入人口之中应成为下一步工作的思考方向。

三　对未来全面消除极端贫困的一些建议

我们认为在决胜脱贫攻坚战中，可进一步从如下三方面发力：一是集中优势兵力长期攻坚深度贫困难题；二是巩固现有扶贫成果，防范返贫；三是提升贫困人口脱贫致富能力，实现长期稳定性脱贫发展格局。

（一）集中优势兵力长期攻坚深度贫困问题

解决深度贫困问题，要做好长期攻坚准备。可以采取三步走的战略：第一步，稳扎稳打实现“两不愁、三保障”，做好饮水安全、控辍保学、健康扶贫、住房安全方面的工作；同时扎实推进易地扶贫搬迁，引导贫困群众逐步接受现代文明。第二步，强化后续帮扶、扎实教育等有利于阻断深度贫困人群代际传递并使深度贫困人群逐步走向富裕之路的基础性工作。第三步，选择性借鉴扶贫成功经验，缩小深度贫困地区与一般地区的发展差距。例如，以市场需求为导向，因地制宜走特色优质高效发展路子；挖掘深度贫困地区的绿色发展模式，促进生态、旅游、文化和民俗的融合；激发贫困群众内生动力和参与感；等等。

（二）重视返贫问题，探索出台防范返贫的应对措施和政策

为巩固扶贫成效，如何防范返贫问题将成为脱贫攻坚决胜期最需要考虑的问题之一。在了解返贫人口规模的基础上，要研究其结构性特征、区域分布特征等，更重要的是研究他们再次陷入贫困的原因。在对策上，要对这部分特殊群体实行特殊的政策，并由此及彼地出台防范返贫的应对措施，这些措施既要有助于提高脱贫群体的发展动力和发展能力，也要建立防范返贫机制，如“防贫保险”等。

（三）赋予贫困户实现持续性“两不愁、三保障”的基础性扶贫救助保障

经过几年的实践，我们能够明显看到通过地方公共服务建设和服务供给质量的提升，我国对农村贫困人口承诺的“两不愁、三保障”得到了很好落实。在未来阶段，需要进一步扩大贫困地区的公共服务保障面，并逐步提升保障质量。这是因为一些“保障”内容（如教育、医疗）具有动态性，与政府持续的财力支持和发展思路具有相关性。要坚决防范脱贫攻坚期结束后，地方政府为了追求经济发展而改变财政支出方向，减小对基础

教育、医疗服务，乃至社会救济的支持力度，从而导致脆弱性农户的返贫和致贫。

（四）要研究解决脆弱群体缺乏政策支持的问题，逐渐将扶贫政策辐射到边缘低收入人口之中

一方面，需要考虑适当降低对建档立卡户无条件给予政策支持的力度，避免滋生“争当贫困户”的逆向激励；另一方面，需要针对脆弱群体出台一些防范其陷入贫困的政策措施。

（五）思考全面建成小康社会的社会包容性发展问题

尽管我国人类发展指数的世界排名在不断进步，体现出我国综合发展实力的提高，但是我国人类发展水平仍处于偏后的位置。在未来很长一段时间内，消除绝对贫困、缓解相对贫困仍是中国经济社会发展中面对的主要挑战。为了应对这一挑战，中国在全面建成小康社会后仍要坚持包容性发展的战略，让低收入人群共享经济社会发展的成果，实现经济发展与健康、教育、生态等方面发展的同步性，实现全社会共同富裕的宏伟目标。

• 特别策划 •

《中国教育发展与减贫研究》2019 年第 2 辑
第 22 ~ 25 页

编者按

自 1949 年中华人民共和国成立以来，解决贫困问题始终都是我国社会主义建设、改革的重要内容。2019 年是中华人民共和国成立 70 周年，在这 70 年的砥砺奋进中，中国共产党领导全国人民探索形成了一套既符合贫困治理一般规律，又紧密结合中国国情的扶贫思想，展开了有组织、有计划、大规模的扶贫开发实践，并取得了举世瞩目的成就，逐步走出了一条具有中国特色的减贫道路。此次特别策划，邀请到沈扬扬、史志乐、孔梅三位专家，对我国在这 70 年中所取得的成就和经验进行分析和梳理，以期为我国接下来扶贫、减贫工作的开展和世界减贫事业提供参考和借鉴。

70 年中国特色减贫道路：在发展中应对和战胜贫困

沈扬扬*

一般来说，考察贫困问题往往有两个出发点：贫困规模和贫困状态。前者给出度量一国/区域内的贫困广度，后者侧重从福利视角考察贫困人口的生活状态。其中，确定贫困标准，即以何种标准度量贫困，又是研究贫困规

* 沈扬扬，北京师范大学中国扶贫研究院讲师，主要研究方向为扶贫政策。

模和贫困状态的大前提。

国际上，被普遍使用的贫困标尺由世界银行提出。2018 年世界银行提出的国际贫困线按照 2011 年购买力平价（PPP）计算更新得到，分为极端贫困线，每人每天 1.9 美元；中等偏低收入贫困线，每人每天 3.2 美元；以及中等偏高收入贫困线，每人每天 5.5 美元。上述标准分类的内在逻辑是不同发展阶段的国家适用不同贫困线，要以发展的眼光看待贫困问题。此外，世界银行发布的《贫困与共享繁荣 2018》还引入了相对贫困和多维贫困概念。

横截面上世界银行对不同发展程度国家予以不同的贫困线界定，就好比纵向上，中国从落后国家向中等偏上发展中国家转变的这 70 年历程，所对应的适用于不同发展阶段的扶贫标准。可以说，从一穷二白地抗争到精准扶贫攻坚战，中国在发展中不断演进的扶贫理念与实践，走在了国际贫困理论前沿，并且成就非凡。

新中国成立，普遍性贫困是当时我国人民的生活画像。对此，中国共产党带领人民确立和巩固了社会主义基本制度，建设工业体系和国民经济体系，并同步改善了农民生产生活条件。1953 年到 1976 年，国内生产总值年均增长 5.9%。粮食产量大幅提高，为有效消除贫困、持续改善民生奠定了必要的物质基础。1978 年到 1985 年，国家有意识地对贫困地区给予一定倾斜扶持政策。1986 年，国务院成立贫困地区经济开发领导小组，由国家统计局测算了农村贫困标准，即 1985 年中国农村人口一年最低生活标准为 204 元，以便提高扶贫工作的效率和瞄准精度。后期，国家统计局在 1990 年、1994 年和 1997 年，采用世界银行推荐的确定贫困线的基本方法，重新测算了贫困标准，大约相当于每人每天 0.5 美元。1998 年，为更好监测刚实现基本温饱的贫困人口动向，便于贫困的国际比较，国家统计局开始测算低收入标准和低收入人口比重，并从 2000 年起向社会公布，当时标准相当于每人每天 1 美元。2011 年，以 2010 年不变价计算的农民年人均纯收入 2300 元的新贫困标准被提出，相当于每人每天 1.9 美元。由此，关于贫困标准的第一个重要特征是，伴随经济社会发展程度的提高，中国农村的官方贫困识别和救助标准也在不断上升。

第二个重要特征是，不管按照何种贫困标准，贫困人口的下降幅度都是非常显著的。按照低收入线标准，2010 年农村贫困人口剩下 4000 万，比 2000 年减少了 5400 万。2012 年末至 2018 年末，现行标准下农村贫困人口累计减少 8239 万人、贫困发生率累计下降 8.5 个百分点，贫困地区农民收入大幅提升，贫困地区和贫困人口生产生活条件明显改善。对于中国这样一个发展中的大国来说，保持这样一个较低的绝对贫困发生率实属不易。

第三个重要特征是，中国政府不计成本不计代价，履行对人民的郑重承诺。一般来讲，随着贫困人口的不断减少，减贫的困难程度会随之增加。它会表现为单位扶贫资源的投入所带来的贫困人口减少数量的下降。对这样一个带有一般规律性的现象，我们可以称之为“减贫难度的递增性”或者“扶贫投入效益的时期递减性”。在面临上述情况的背景下，以习近平同志为核心的党中央提出精准扶贫精准脱贫基本方略，国家不断加大扶贫投入，创新扶贫方式，出台系列重大政策措施，使得扶贫开发取得巨大成就。从 2013 年到 2019 年，中央财政专项扶贫资金累计投入超过 5000 亿元，我国以空前的决心和毅力，取得了扶贫攻坚的决定性进展和历史性成就，脱贫攻坚力度之大、规模之广、影响之深前所未有。从 2012 年到 2018 年，我国连续 6 年平均每年减贫 1300 多万人。到 2018 年底，全国 832 个贫困县有一半实现摘帽，超过 10 万个建档立卡贫困村实现脱贫，创造了中国减贫史上最好成绩。

第四个重要特征是，中国的系列发展、扶贫以及惠农政策，不仅减少了收入贫困，降低了贫困发生率，也在一定程度上改善了贫困人口的收入水平和分配状况，从多维视角缓解了贫困问题，对改善贫困人口的教育、卫生和社会发展状况产生了多方面的作用。具体来讲，贫困人口实现不愁吃、不愁穿，义务教育、基本医疗和住房安全有保障，上学难、就医难、行路难、饮水不安全、厕所不卫生等问题逐步缓解；贫困地区面貌明显改善，自然村通电接近全覆盖、通电话比重超过 98%、道路硬化接近 80%，居民收入保持较快增长，约 7700 万贫困人口参加医保；农村特色产业基本形成，集体经济达到一定规模，社区管理能力不断增强，基本公共服务均等化水平稳步提高；就业比较充分，收入差距缩小，中等收入人口比重上升，居民幸福感、获得感和安全感提升。可以说，尽管国际上多维贫困是理论先行，但中国早已通过各项政策和扶贫标准的立体化提升方式，践行了针对多维贫困的反贫困实施路径。

70 载春华秋实，中国政府持续向贫困宣战。脱贫攻坚战解决了中国千百年来没有解决的绝对贫困问题，使 7 亿多人摆脱贫困，也使我国对全球减贫贡献率高达 70% 以上，成为世界上减贫人口最多、覆盖面最广且扶贫内涵最为丰富的国家，探索和积累了许多宝贵经验，创造了了不起的发展奇迹。当然，中国政府并未止步于此，因为绝对贫困的消除不等于贫困的终结。2020 年后，人民日益增长的美好生活需要与不平衡不充分发展之间的矛盾，依旧是我国经济社会发展的主要矛盾。现阶段发展环境显示，后脱贫时代所面临的经济形势将更加错综复杂，巩固来之不易的扶贫成果、促进全体人民共享改革发展成果、将扶贫工作重点逐渐过渡到解决相对贫困问题上，都是未来扶贫工作需要应对的挑战。我们认为，既有扶贫成果是值得给予充分肯定的，同时，我们也期盼国家在发展中持续扩宽解决贫困的思路。作为扶贫领域的研究者，我们愿意持续贡献学术力量，为缓解贫困献计献策。

《中国教育发展与减贫研究》2019年第2辑
第26～28页

70年艰难探索创奇迹：开辟了中国特色的减贫道路

史志乐*

新中国成立70年来，一代又一代中国人民与贫困作斗争，取得了扶贫减贫史上一次又一次的胜利，中国成为世界上减贫人口最多的国家，也是世界上率先完成联合国千年发展目标的国家。从新中国成立初期确定的“共同富裕”理念，到改革开放提出的“贫穷不是社会主义，社会主义要消灭贫穷”的口号，再到党的十八大提出“全体人民共同迈入小康社会”的奋斗目标，我们发现中国在经济社会全面发展的同时，始终兼顾贫困地区和贫困人口的发展。无论贫困面多么广、贫困程度多么深、贫困人口多么多，中国政府在政策、资金、项目、人才等方面都给予了贫困对象持续而有力的支持和帮扶，在真扶贫、扶真贫的道路上走得坚定且长远。

中国政府有着“摆脱贫困”的坚定决心，新中国成立的70年就是中国政府充分发挥社会主义制度优势的70年。社会主义的根本任务是解放和发展生产力，最终目标是实现共同富裕。从毛泽东到习近平，中国共产党在不同的历史时期针对中国不同的国情，提出和总结了中国扶贫开发的重大意义、战略地位、战略途径、实施模式等。社会主义基本制度的确立，以及农村基础设施的建设、农业技术的推广、农村合作医疗体系的建立等为减缓贫

* 史志乐，博士，中国农业大学马克思主义学院讲师，主要研究方向为农村发展与扶贫。

困奠定了基础。改革开放以后，农村率先进行了经济制度改革，实行了家庭联产承包经营责任制，生产力得到极大解放，农民收入大幅提高，农民温饱问题逐步得以解决。党的十八大以来，我国实施精准扶贫精准脱贫，全面打响了脱贫攻坚战，扶贫工作取得了决定性进展。我们正视历史和现实，面对新中国成立初期积贫积弱的条件，中国政府坚定地选择了社会主义道路，带领中国人民从站起来到富起来再到强起来，取得中国特色社会主义的不断胜利，为扶贫开发奠定了扎实的经济社会基础。在国家和绝大多数人富起来后，又依靠社会主义制度优势，有效动员全社会资源和力量投入扶贫开发，部署实施先富带后富实现共同富裕战略。按现行农村贫困标准，2013～2018 年我国农村减贫人数分别为 1650 万人、1232 万人、1442 万人、1240 万人、1289 万人、1386 万人，每年减贫人数均保持在 1000 万人以上。六年来，农村已累计减贫 8239 万人，年均减贫 1373 万人，六年累计减贫幅度达到 83.2%，农村贫困发生率也从 2012 年末的 10.2% 下降到 2018 年末的 1.7%，其中，10 个省份的农村贫困发生率已降至 1.0% 以下，中华民族千百年来的绝对贫困问题有望得到历史性解决。

中国人民从不畏惧贫困，新中国成立的 70 年就是中华儿女与贫困作斗争的 70 年。新中国成立初期，国家一贫如洗，农村居民生活困苦，收入与消费水平低下。但是中国人民没有因为贫困而失去对美好生活的向往与追求，中国人民秉承着中华民族优秀的传统美德，艰苦奋斗、团结一心，与贫困展开了一场旷日持久的战争。经过全体中国人民的不懈努力与奋力拼搏，农村贫困人口的生活水平得到显著提升。尤其是改革开放后，农村居民收入与消费水平进入快速增长期，2012 年全国农村居民人均收入和消费水平分别比 1978 年实际增长了 11.5 倍和 9.3 倍。党的十八大以来，农村居民收入与消费继续保持较快增长，尤其是贫困地区农村居民收入与消费实现快速增长，与全国农村居民平均水平差距逐步缩小，贫困人口发展能力持续提升。新中国是在战争的废墟上和极度贫苦的环境中成立的，70 年来，党和政府始终致力于农村基础设施建设和农村公共服务改善。党的十八大以来，各级政府继续加大对农村尤其是贫困地区的建设和投入力度，贫困地区农村居民生活条件和生活环境明显改善，享有的公共服务水平不断提高，生活质量也得到全面提高。

中国扶贫始终与世界同行，新中国成立的70年就是中国为全球减贫事业做出贡献的70年。解决中国的贫困问题一方面要考虑中国特殊的国情，另一方面也要加强国际对话交流，充分借鉴与分享扶贫经验。新中国成立初期，国家一穷二白，人民生活处于极端贫困状态。新中国成立70年来，我国通过加快建设，深化改革和大规模扶贫开发，大幅减少贫困人口，成为全球最早实现联合国千年发展目标中减贫目标的发展中国家，加速了世界减贫进程，为全球减贫事业做出了巨大贡献。按照世界银行每人每天1.9美元的国际贫困标准及世界银行发布的数据，我国贫困人口从1981年末的8.78亿人减少到2013年末的2511万人，累计减少8.53亿人，减贫人口占全球减贫总规模的七成以上。世界银行2018年发布的《中国系统性国别诊断》报告称“中国在实现快速经济增长和减少贫困方面取得了‘史无前例的成就’”。联合国秘书长古特雷斯在“2017减贫与发展高层论坛”上发贺信盛赞中国减贫方略，称“精准减贫方略是帮助最贫困人口、实现2030年可持续发展议程宏伟目标的唯一途径。中国已实现数亿人脱贫，中国的经验可以为其他发展中国家提供有益借鉴”。中国在实现自身减贫的同时也为共建没有贫困、共同发展的人类命运共同体贡献了中国智慧和中国方案。

新中国成立70年来，党中央、国务院高度重视减贫扶贫，出台实施了一系列中长期扶贫规划，从救济式扶贫到开发式扶贫再到精准扶贫，探索出一条符合中国国情的农村扶贫开发道路，为全面建成小康社会奠定了坚实基础。新中国成立70年来，中国共产党领导人民自力更生、艰苦奋斗，为解决贫困问题付出了艰辛努力。特别是党的十八大以来，我国全面打响脱贫攻坚战，脱贫攻坚力度之大、规模之广、影响之深前所未有，取得了决定性进展，谱写了人类反贫困历史新篇章。我们要更加紧密团结在以习近平同志为核心的党中央周围，以习近平总书记关于扶贫工作重要论述为根本指引，不断增强责任感、使命感和紧迫感，以更大的决心和信心，尽锐出战、迎难而上，确保坚决打赢脱贫这场对如期全面建成小康社会、实现第一个百年奋斗目标具有决定性意义的攻坚战。

《中国教育发展与减贫研究》2019 年第 2 辑
第 29 ~32 页

沧桑巨变七十载，脱贫奔康铸辉煌

——从温饱迈向全面小康的跨越

孔 梅*

中国扶贫 70 年是一部波澜壮阔的奋斗史。70 年来，中国共产党带领全国人民一起砥砺奋进，在脱贫致富的道路上携手前进，解决了 7 亿多人口所面临的贫穷问题，实现了从封闭落后贫穷迈向开放进步；70 载春华秋实，中国政府持续向贫困宣战，实现了从温饱迈向全面小康的跨越，创造了人类减贫史上的中国奇迹。70 年减贫艰难探索，凝聚了中国人民的心血与智慧，开创了新时代中国特色社会主义的减贫道路，也为共建没有贫困、共同发展的人类命运共同体贡献了中国智慧和中国方案。

一 70年艰苦卓绝，即将带来整体消除绝对贫困的历史时刻

70 年来，中国始终把消除贫困、改善民生和实现共同富裕作为宗旨，坚持把发展作为解决贫困问题的根本途径，大力实施大规模扶贫开发，从解决温饱到全面实施精准扶贫、精准脱贫方略，通过综合施策、不懈努力，取得举世瞩目的脱贫成就。经历了 70 年艰难的求索实践，尤其是改革开放和

* 孔梅，北京师范大学中国扶贫研究院博士研究生，主要研究方向为扶贫政策。

党的十八大以来的“精准扶贫”，中国的扶贫不断创新机制、策略和措施，充分释放了脱贫动能，激发了贫困群众的内生动力，取得了减贫速度和质量上的新突破。新中国成立初期，中国是世界上贫困率最高的国家之一。1978 年末中国贫困人口多达 7.7 亿人，农村贫困发生率高达 97.5%，人民生活处于极端贫困的状态。但到了 2012 年，全国农村居民人均收入和消费水平分别比 1978 年实际增长了 11.5 倍和 9.3 倍。到 2018 年末，中国农村贫困人口已减少至 1660 万人，农村贫困发生率下降至 1.7%，中国人均可支配收入达到 28228 元，比 1978 年实际增长 24.3 倍。照此速度，到 2020 年在现行标准下农村贫困人口必将一个不落地全部实现脱贫，贫困县全部摘帽，区域性整体贫困问题得到解决，同时中国几千年来的绝对贫困问题也将得到历史性解决，我们将很快迎来中华民族几千年发展历史上首次整体消除绝对贫困现象的历史时刻。

二　70年砥砺奋进，实现了贫困地区社会经济发展的全面进步

贫困意味着参与和分享经济发展机会和成功概率的减少，减缓和消除贫困则体现和蕴藏着对生存和发展的质量与水平的保障程度的提升。70 年的扶贫脱贫史就是中国贫困地区社会经济发展的全面进步和提升史。在 70 年的扶贫实践中，中国以保障贫困人口最基本的生存权和发展权为主旨，努力达到人人“不愁吃，不愁穿”，与此同时，通过连续多年努力，以“三保障”为核心的贫困地区的基础设施条件和公共服务水平也大幅提升，群众的生产生活条件明显改善，教育、医疗水平大幅提高。尤其是实施精准扶贫以来，在实现公民基本生存权基础上，政府通过产业开发、教育扶贫、健康扶贫、生态扶贫和易地搬迁等方式，采取更精准的举措和超常规的力度帮助贫困者实现发展的权利，创造更多机会让人人都能脱贫致富。同时，在扶贫过程中更加注重维护特殊群体利益，将贫困妇女、儿童、老年人、残疾人等作为重点对象予以保障。扶贫开发大大改变了中国农村贫

困地区的落后面貌，明显增强了群众的获得感和幸福感，实现了贫困地区社会经济发展的全面进步。

三　70年互惠互助，有力推动全球减贫进程

一直以来，消除贫困始终都是世界面临的全球性挑战，联合国千年发展目标也一直将减贫作为首要任务。第一，作为最大的发展中国家，中国积极消除自身贫困以推动国际减贫。新中国成立70年来，中国人民积极探索、顽强奋斗，走出了一条有中国特色的减贫道路。特别是党的十八大以来，脱贫攻坚战力度之大、规模之广、影响之深，前所未有，创造了人类扶贫史上的最好成绩，谱写了人类反贫困史上的辉煌篇章。2015年，中国基本实现联合国千年发展目标，成为全球最早实现联合国千年发展目标中减贫目标的发展中国家，对全球减贫的贡献率超过70%，起到了“火车头”的作用。第二，树立起中国样板，为全球减贫提供中国经验和中国方案。新中国成立70年来，我国以政府为主导的有计划有组织的扶贫开发，尤其是党的十八大以来精准脱贫方略的实施，帮助中国取得了举世瞩目的减贫成就，这是经过实践检验的科学的扶贫经验，为全球减贫提供了中国方案。针对贫困问题的复杂性和差异性提出因地制宜、因人施策的精准扶贫策略，有效破解了世界减贫工作中遇到的贫困瞄准困境，充实和丰富了世界减贫理论。此外，中国在因地制宜、精准施策的过程中，形成了大量生动的成功案例，为世界减贫提供了生动的实践模式。第三，勇于承担大国责任，积极投身国际减贫合作实践。中国通过开展南南合作、“一带一路”建设等，及时将扶贫经验分享给全世界，让世界人民有更多的经验和思路去摆脱贫困。从积极参与各国基础设施建设，到推动农业和粮食安全，从支持健康和医疗卫生发展，到提供知识、资金、技术和人才，中国将扶贫经验因地制宜加以转化，带动各地经济发展，有效地促进了发展中国家减贫。

四　展望未来，中国减贫将取得更加璀璨的成就

回顾中国扶贫70年的风雨历程，通过上下求索、奋斗拼搏，曾经穷苦的中国人民踏上了小康之路，实现了从“站起来”到“富起来”，这些成就得益于中国特色社会主义的政治优势和制度优势。面向未来，破解相对贫困，实现从“富起来”到“强起来”将是我国扶贫工作的重要目标。处在这个关键节点的我们应继续坚持以习近平同志为核心的党中央的领导，以习近平总书记关于扶贫工作重要论述为根本指引，总结70年扶贫实践经验，继往开来，在新节点上敢于作为，不断增强责任感、使命感和紧迫感，以更大的决心和信心，投入实现共同富裕的奋斗目标中去。与此同时，我们要继续支持发展中国家消除贫困，坚定不移开展国际减贫合作，推动更大范围、更高水平、更深层次的区域合作，着力改善国际发展环境，共建一个没有贫困、共同发展的人类命运共同体，携手增加各国人民的福祉。

《中国教育发展与减贫研究》2019年第2辑
第33～49页

2018～2019年度我国教育扶贫政策和重大行动

赵陶然*

【摘　　要】教育乃国之大计，教育扶贫是我国坚决打赢脱贫攻坚战、全面建成小康社会的重中之重，是我国消除贫困的治本之策。本文以不同切入点，对2018～2019年度中共中央国务院和教育部所出台的12项教育扶贫领域的重大政策进行文本汇总与分析，全面把握我国教育扶贫政策的年度走向；以贫困动态性理论、社会行动理论和能力权力贫困理论为理念抓手，对2018～2019年度我国不同教育领域的教育扶贫行动计划加以归类梳理。在“十三五”规划的收官之年，我国教育扶贫信息化、可持续化发展模式进一步成形，同时对推进扶贫开发立法等举措产生了更进一步的诉求。

【关 键 词】教育扶贫　扶贫政策　扶贫行动

2020年是我国“十三五”规划的收官之年，也是我国全面建成小康社

* 赵陶然，北京师范大学职业与成人教育研究所硕士研究生，主要研究方向为职业教育与教育扶贫。

会、打赢脱贫攻坚战的决胜关键年。中共十九大报告旗帜鲜明地指出，“要动员全党全国全社会力量，坚持精准扶贫、精准脱贫，将扶贫与扶志、扶智相结合，解决我国区域性整体贫困，做到脱真贫、真脱贫”①。在此过程中必须认识到的是，教育贫困是我国重要的致贫因素，教育扶贫乃是实现脱贫的有效手段。教育扶贫具有阻断贫困地区代际贫困的重要功能，能够在“外部输血”的基础上，助推深度贫困地区实现“内部造血”，从而加速精准脱贫战略目标的实现。2018～2019 年度，中共中央国务院与教育部分别出台涉及教育扶贫领域的重大政策各六项，在宏观政策导向的基础上，有序开展了一系列教育扶贫行动，以期能够标本兼顾、有的放矢，创造“十三五”收官之际我国教育扶贫、脱贫领域的新成就。

一 2018～2019 年度教育扶贫领域的重大政策进展

2018～2019 年度，中共中央国务院涉及教育扶贫领域的重大政策共六项（分别为《关于实施乡村振兴战略的意见》《深度贫困地区教育脱贫攻坚实施方案（2018～2020 年）》《关于打赢脱贫攻坚战三年行动的指导意见》《国家乡村振兴战略规划（2018～2022 年）》《国家职业教育改革实施方案》《中国教育现代化 2035》），教育部在教育扶贫领域下发的重要通知、意见共六项（分别为《关于做好 2018 年中央财政支持中西部农村订单定向免费本科医学生招生培养工作的通知》《关于做好 2019 年重点高校招收农村和贫困地区学生工作的通知》《关于做好 2019 年边远贫困地区、边疆民族地区和革命老区人才支持计划教师专项计划有关实施工作的通知》《关于做好 2019 年农村义务教育阶段学校教师特设岗位计划实施工作的通知》《关于做好 2019 年中央财政支持中西部农村订单定向免费本科医学生招生培养工作

① 习近平：《决胜全面建成小康社会 夺取新时代中国特色社会主义伟大胜利》，人民出版社，2017。

的通知》《关于办好深度贫困地区职业教育助力脱贫攻坚的指导意见》)。下文对中共中央国务院和教育部所出台的教育扶贫相关政策进行文本内容方面的概要分析。

（一）中共中央国务院的教育扶贫相关政策探析

就 2018～2019 年度中共中央国务院出台的六项教育扶贫相关政策而言，宏观至国家目标、体制机制，微观至不同侧重点的具体内容，总体呈现出借“扶乡村教育之贫”实现“依靠乡村教育扶贫”的理念特色。2018～2019 年度，中共中央国务院教育扶贫的国家目标始终坚持向我国“两个一百年”奋斗目标靠拢。在坚定实施乡村振兴战略、坚决打好精准脱贫攻坚战的基础上，在教育扶贫的助力作用下，力求实现消除绝对贫困、缓解相对贫困、提升贫困地区教育总体发展水平的国家目标。伴随着我国经济社会的发展进步，我国教育扶贫的国家目标已由世纪之交的扫盲、解决贫困人口温饱问题不断发展为助力国家共同富裕的实现，这是我国教育扶贫取得阶段性进展的一大证明所在。2018～2019 年度中共中央国务院的教育扶贫国家目标详见表 1。

表 1　中共中央国务院 2018～2019 年度教育扶贫的国家目标

时间	政策名称	国家目标
2018 年 2 月 4 日	《关于实施乡村振兴战略的意见》	到 2020 年，现行标准下农村贫困人口实现脱贫，贫困县全部摘帽，解决区域性整体贫困；到 2035 年，相对贫困进一步缓解，共同富裕迈出坚实步伐
2018 年 2 月 27 日	《深度贫困地区教育脱贫攻坚实施方案(2018～2020 年)》	到 2020 年，“三区三州”等深度贫困地区教育总体发展水平显著提升，实现建档立卡贫困人口教育基本公共服务全覆盖
2018 年 8 月 19 日	《关于打赢脱贫攻坚战三年行动的指导意见》	到 2020 年，巩固脱贫成果，消除绝对贫困；确保贫困县全部摘帽，解决区域性整体贫困；切实解决义务教育学生因贫失学辍学问题
2018 年 9 月 26 日	《国家乡村振兴战略规划(2018～2022 年)》	到 2022 年，农村脱贫攻坚成果得到进一步巩固；到 2035 年，相对贫困进一步缓解

2018～2019 年度中共中央国务院教育扶贫政策的体制机制运作概况详见表 2。总体而言，其体制机制符合我国扶贫开发所实行的分级负责、以省为主的行政领导扶贫工作责任制。具体而言，依然由教育部和国务院扶贫开发领导小组统筹推进整体的工作安排，由省级政府为责任承担主体，市、县级政府负责具体工作的落实。此外，《深度贫困地区教育脱贫攻坚实施方案（2018～2020 年）》强调对方案实施情况进行严格的考核、督查与评估，“把实施方案落实情况作为教育督导重点任务，以建档立卡贫困家庭学生就学状况、资助状况、就业状况为重点”，对“三区三州”教育扶贫工作的进展和成效进行监测评价，“用好精准扶贫第三方评估机制”；《关于打赢脱贫攻坚战三年行动的指导意见》则对健全脱贫攻坚工作机制做出详细说明，如“脱贫攻坚任务重的省（自治区、直辖市）党委和政府每季度至少专题研究一次脱贫攻坚工作，贫困县党委和政府每月至少专题研究一次脱贫攻坚工作”“贫困县党政正职每个月至少要有 5 个工作日用于扶贫”“实施五级书记遍访贫困对象行动”等，对进一步完善扶贫考核评估工作、深抓党建促进脱贫攻坚等措施也均做出了具体的要求。体制机制的建设与完善程度是关系我国整体扶贫、脱贫工作实效性的命脉，深入落实脱贫攻坚责任制、加大党和政府的保障力度，才是实现我国教育扶贫国家目标的前提之所在。

表 2　中共中央国务院 2018～2019 年度教育扶贫的体制机制

时间	政策名称	体制机制
2018 年 2 月 27 日	《深度贫困地区教育脱贫攻坚实施方案（2018～2020 年）》	教育部、国务院扶贫办会同有关部门统筹推进相关工作；省级政府承担“三区三州”教育脱贫攻坚的主体责任，制订实施工作方案；地市级政府加强协调指导；县级政府统筹整合各方面资源，落实政策和工作任务
2018 年 8 月 19 日	《关于打赢脱贫攻坚战三年行动的指导意见》	强化中央统筹、省负总责、市县抓落实的工作机制。中央统筹，重在做好顶层设计，加强脱贫效果监管；省负总责，促进工作落实；市县抓落实，推动脱贫攻坚各项政策措施落地生根

2018～2019 年度中共中央国务院教育扶贫政策的要点内容详见表 3。对下述 6 项政策的要点内容进行总结，可以得见，此阶段中共中央国务院的教

育扶贫政策呈现出如下特点。其一，“精准扶贫”的理念得到发展与贯彻。在政策原文中，“精准”二字的使用词频明显增大，教育扶贫的对象逐步具体到地域和个人，在原有政策基础上，不同教育工作领域的扶贫任务得以进一步完善、补缺、划分与衔接。其二，在保证数量的基础上，对教育扶贫的质量要求进一步提升。政策原文中，关键词“优化”“优质”出现频率增大，表明政府一方面力求以更高质量的教育、财政资源推动深度贫困地区教育的发展，另一方面对深度贫困地区教育的发展拟定了更高质量的预期。强调推进深度贫困地区义务教育的“优质均衡”“稳步提升”，并非一蹴而就、揠苗助长的空谈，而是我国扎实稳步推进教育扶贫工作的成就体现。

表 3　中共中央国务院 2018～2019 年度教育扶贫政策的要点内容

时间	政策名称	要点内容
2018 年 2 月 4 日	《关于实施乡村振兴战略的意见》	优先发展农村教育事业，全面改善薄弱学校基本办学条件，支持教育基础薄弱县普通高中建设，使绝大多数农村新增劳动力接受高中阶段教育、更多接受高等教育，推动优质学校辐射农村薄弱学校常态化；把扶贫同扶志、扶智结合起来
2018 年 2 月 27 日	《深度贫困地区教育脱贫攻坚实施方案（2018～2020 年）》	精准建立“三区三州”教育扶贫台账；稳步提升“三区三州”教育基本公共服务水平；面向“三区三州”实施推普脱贫攻坚行动；多渠道加大“三区三州”教育扶贫投入；等等
2018 年 8 月 19 日	《关于打赢脱贫攻坚战三年行动的指导意见》	着力实施教育脱贫攻坚行动，全面落实教育扶贫政策，进一步降低贫困地区特别是深度贫困地区、民族地区义务教育辍学率，稳步提升贫困地区义务教育质量；实施贫困学生台账化精准控辍；全面推进贫困地区义务教育薄弱学校改造工作 改善贫困地区乡村教师待遇；等等
2018 年 9 月 26 日	《国家乡村振兴战略规划（2018～2022 年）》	优先发展农村教育事业。全面改善贫困地区义务教育薄弱学校基本办学条件；大力发展面向农村的职业教育，满足乡村产业发展和振兴需要；推动优质学校辐射农村薄弱学校常态化；落实好乡村教师支持计划
2019 年 1 月 24 日	《国家职业教育改革实施方案》	重点支持集中连片特困地区每个地（市、州、盟）原则上至少建设一所符合当地经济社会发展和技术技能人才培养需要的中等职业学校；加大对贫困地区职业教育的政策、金融支持力度
2019 年 2 月 23 日	《中国教育现代化 2035》	在实现县域内义务教育基本均衡基础上，进一步推进优质均衡；实现困难群体帮扶精准化，健全家庭经济困难学生资助体系，推进教育精准脱贫

（二）教育部的教育扶贫相关政策探析

2018～2019 年度教育部所出台的教育扶贫相关政策共六项，其要点内容详见表 4。六项政策由五项通知、一项意见组成，以“三区三州”具体的深度贫困县、区为靶向，以人才培养、输送和学校的建设为路径，为深度贫困地区的教育扶贫贡献力量。在这六项政策之中，“普惠型”教育扶贫政策主要集中在职业教育领域，意在帮助多数深度贫困地区建档立卡户接受职业技能培训、实现稳定就业、带动贫困家庭脱贫，从而实现“职业教育服务区域经济社会发展和脱贫攻坚的能力显著增强”的总体目标。“补缺型”的专项教育扶贫政策主要集中在高等教育和教师工作领域，一方面通过定向培养免费医学本科生的政策，既为有效解决深度贫困地区学子的升学问题提供合理路径，又通过人才反哺的方式为深度贫困地区的可持续发展贮存营养；另一方面借助特岗、专项教师计划，用更优质的师资灌溉深度贫困地区教育土壤，推动教育的精准扶贫。

表 4　教育部 2018～2019 年度教育扶贫相关重大政策及要点

时间	政策名称	相关要点
2018 年 5 月 4 日	《关于做好 2018 年中央财政支持中西部农村订单定向免费本科医学生招生培养工作的通知》	2018 年中央财政支持高等医学院校为中西部乡镇卫生院培养订单定向免费五年制本科医学生共计 6483 人
2019 年 3 月 29 日	《关于做好 2019 年重点高校招收农村和贫困地区学生工作的通知》	招生学校为中央部门所属高校和各省(区、市)所属重点高校,实施区域为集中连片特殊困难县、国家级扶贫开发重点县以及新疆南疆四地州
2019 年 4 月 25 日	《关于做好 2019 年边远贫困地区、边疆民族地区和革命老区人才支持计划教师专项计划有关实施工作的通知》	师资重点向“三区三州”等深度贫困地区倾斜;不得将支教教师派往非贫困地区
2019 年 4 月 28 日	《关于做好 2019 年农村义务教育阶段学校教师特设岗位计划实施工作的通知》	吸引更多优秀大学毕业生到农村学校任教,更好地服务乡村振兴战略和教育脱贫攻坚工作

续表

时间	政策名称	相关要点
2019 年 5 月 5 日	《关于做好 2019 年中央财政支持中西部农村订单定向免费本科医学生招生培养工作的通知》	2019 年中央财政支持高等医学院校为中西部乡镇卫生院培养订单定向免费五年制本科医学生共计 6700 人
2019 年 10 月 17 日	《关于办好深度贫困地区职业教育助力脱贫攻坚的指导意见》	因地制宜促进普职教育融合；强化统筹建好办好一批职业学校；高等职业教育扩招向贫困地区倾斜；积极开展面向社会人员的技能培训；切实加强职业院校基础能力建设；构建高水平职业教育人才培养体系；完善技能评价与就业服务协同联动的服务体系；完善职业教育协作政策和结对帮扶机制

（三）不同教育工作领域的扶贫政策进展

2018～2019 年度我国的教育扶贫政策在学前教育、义务教育、高等教育、职业与成人教育和教师工作领域均有所体现，并提出了不同程度的要求。

其一，2018～2019 年度，我国涉及学前教育领域扶贫的政策主要为《深度贫困地区教育脱贫攻坚实施方案（2018～2020 年）》。该方案中提到，要发展学前教育。首先，在财政投入方面，实现"省级统筹学前教育资金向'三区三州'倾斜"，以辅助落实第三期的学前教育行动计划；其次，在基础设施方面，该方案要求鼓励在"三区三州"实施"幼有所育"计划，"支持每个乡镇至少办好一所公办中心幼儿园"，完善农村学前教育服务网络；再次，在招生层面，要"采取多种方式鼓励普惠性民办幼儿园招收建档立卡贫困学生"；最后，在师资层面，提出要落实幼儿园教职工的配备标准，使之配足、配齐，并加大相应的培训力度。

其二，我国 2018～2019 年度涉及义务教育领域扶贫的政策主要也是《深度贫困地区教育脱贫攻坚实施方案（2018～2020 年）》。该方案指出，要保障义务教育，"着力解决'三区三州'义务教育'乡村弱、城镇挤'的问题"。一方面优化学校布局，强化对"三区三州"的财政支持力度；另一方面提高农村教育质量，从校园、宿舍建设以及学生营养保障等层面加以改善和强化。此外，该方案强调要因地因人制宜，对贫困地区的特殊困难儿童群体接受义务教育实施“全过程帮扶和管理”，为义务教育在贫困地区的普及做出政策上的保障。

其三，2018～2019年度，我国涉及职业与成人教育领域扶贫的主要政策有《关于办好深度贫困地区职业教育助力脱贫攻坚的指导意见》和《深度贫困地区教育脱贫攻坚实施方案（2018～2020年）》。前者本着精准施策、就业导向和外联内育的基本目标，在促进职普融合、办好职业学校、高职扩招等八个方面提出主要任务目标。其中结合2019年新出台的《国家职业教育改革实施方案》，特别指出要“完善技能评价与就业服务协同联动的服务体系”，支持在深度贫困地区开展“1+X”证书制度的试点工作，从技能习得的角度助力对贫困地区学生的帮扶。后者在财政投入、体制机制、招生培养等不同层面提出了扶贫的要求，提出在“三区三州”地区“每个地级市（州、盟）建设好一所中等职业学校”、率先实施“职业教育东西协作行动计划”；并对该区域学生开辟招生绿色通道，施行“六个优化”的扶持政策，以期实现发展职业教育、脱贫与职业技能培训精准对接的行动目标。

其四，在高等教育领域，我国2018～2019年度的扶贫政策保障主要有“三通知”，分别为《关于做好2019年中央财政支持中西部农村订单定向免费本科医学生招生培养工作的通知》、《关于做好2019年重点高校招收农村和贫困地区学生工作的通知》和《关于做好2018年中央财政支持中西部农村订单定向免费本科医学生招生培养工作的通知》。其中，第一、第三项通知作为国家对农村贫困地区高等教育的专项扶持政策，瞄准本科医学生的招生培养，在生源上做出“只招收农村生源的”明确界定，并进行订单定向免费培养，年计划培养人数由2018年的6483人增至2019年的6700人。第二项通知做出2019年度定向自国家集中连片贫困地区招收学生的具体要求，不仅严格限定了报考条件，加强了对学生资格的审核，更在招生录取方面进一步规范化施行。此外，第二项通知还明确指出，国家专项计划实施区域的贫困县脱贫后，在2019年仍可继续享受国家专项计划政策，这表明我国在高等教育领域扶助贫困的延续性得到一定的保障。

其五，在教师工作领域，2018～2019 年度我国相关政策保障情况如下。首先，《深度贫困地区教育脱贫攻坚实施方案（2018～2020 年）》重视教师工作的发展和乡村教师队伍的建设，在大方向上提出“深入实施乡村教师支持计划”“落实好连片特困地区乡村教师生活补助政策”“加大边远贫困地区、边疆民族地区和革命老区人才支持计划教师专项计划倾斜力度”的总体要求，力求提升贫困地区教师队伍和学校教育的整体水平，以稳定并进一步吸引优秀人才驻留乡村任教。其次，《关于做好 2019 年农村义务教育阶段学校教师特设岗位计划实施工作的通知》指出，以“集中连片特殊困难地区和中西部国家扶贫开发工作重点县、省级扶贫开发工作重点县、西部地区原‘两基’攻坚县（含新疆生产建设兵团的部分团场）、纳入国家西部开发计划的部分中部省份的少数民族自治州以及西部地区一些有特殊困难的边境县和少数民族自治县和少小民族县”为支持范围，在全国范围内招聘特岗教师 10 万名，接受中央财政的补助，以切实加强对乡村学校教师的补充，并进一步加强教师队伍结构的优化。最后，《关于做好 2019 年边远贫困地区、边疆民族地区和革命老区人才支持计划教师专项计划有关实施工作的通知》同样以“三区三州”深度贫困地区为焦点，主要选派具有中级以上专业技术职务的骨干教师和经验、能力丰富的学校管理人员进行对口支援，同时明确“大学生实习支教、农村义务教育阶段学校特设岗位计划”不在选派范围之内，“各省份不得将支教教师派往非贫困地区”，借此严格把控参与贫困地区扶助人员的资格。国家在政策内容中对扶贫特岗师资在质和量方面要求的提升，可以看作我国精准扶贫战略在高等教育领域得以落实的一种表现。

二　2018～2019 年度我国教育扶贫重大行动

（一）教育扶贫重大行动的理论模型

1. 贫困动态性研究理念

有关贫困动态性的研究主要发展于 20 世纪 80 年代末期的西方。张清霞

(2008) 在对 Valletta. R. G. 的观点进行提炼后总结认为“贫困的动态性是指，在一段较长的历史时期内，由于社会收入水平和生活水平不断提高而引起的贫困标准的变化连同个人或者家庭状况的改变共同引起的个人或者家庭进入或者退出贫困的运动和状态”。[①] 也有学者指出，在我国，相较于单一的收入贫困，动态的多维贫困程度更大，其中教育贫困尤为严重。[②] 武汉大学中国国际扶贫中心在《中国反贫困发展报告（2016）》中，对近年来我国贫困研究的四大趋向做出分析总结，“贫困研究的动态转向”是其中之首。动态扶贫可以看作相较于静态扶贫的概念，它意味着对贫困以及扶贫研究视野的拓宽、认识的加深以及针对性的增强，可以看作深入贯彻落实我国精准扶贫战略的有效理论抓手。

2. 帕森斯的社会行动理论

美国现代社会学的奠基人塔尔科特·帕森斯（Talcott Parsons）提出了重要的社会行动理论。他认为社会主要表现在人的行动上，“只有在人的社会行动中才能看到一个社会的真实意义”“社会是集体主义的行动”[③]。在此基础上，帕森斯认为，个体的社会行动在逻辑上包含着行动者、目标、情境和规范四个要素[④]，又可被称作“单位行动”；而以单位行动为基础的社会行动，其实现也有着适应（Adaptation）、目标实现（Goal attainment）、整合（Integration）以及模式维持（Latent pattern maintenance）四种不可或缺的功能条件。帕森斯的社会行动理论强调的是以个体单位行动整合而成的社会行动系统，即社会行动可以通过个体行动的“制度化”得以实现。而我国现行的精准扶贫理念强调“通过对贫困人口有针对性的帮扶，从根本上消除导致贫困的各种因素和障碍，达到可持续脱贫的目标”[⑤]，重在因地制宜、精准到人。这同帕森斯的社会行动理论在出发点上是相契合的。教育扶贫乃是

① 张清霞：《贫困动态性研究》，《湖南农业大学学报》（社会科学版）2008 年第 3 期。

② 邹薇、方迎风：《关于中国贫困的动态多维度研究》，《中国人口科学》2011 年第 6 期。

③ 佟庆才：《帕森斯及其社会行动理论》，《国外社会科学》1980 年第 10 期。

④ 帕森斯：《社会行动的结构》，张明德等译，译林出版社，2003。

⑤ 汪三贵、郭子豪：《论中国的精准扶贫》，《贵州社会科学》2015 年第 5 期。

精准扶贫战略落实到人的最前线的体现，对社会行动理论的研究，或许对我国建立起具有实际可操作性、可持续性的精准扶贫教育体系大有裨益。

3. 阿马蒂亚·森的能力贫困理论与权利贫困理论

能力贫困理论与权利贫困理论两个概念最早在印度经济学家阿马蒂亚·森（Amartya Sen）的著作《贫困与饥荒》《以自由看待发展》中得以提炼。程萍（2016）对这两种理论做出辨析，认为能力贫困理论，即从能力的视角辨识贫困，贫困源于贫困主体缺少获取和享有正常生活的可行能力——“贫困的实质并非收入低下，而是源于人们在可行能力方面的匮乏”；对权利贫困理论的释义为，贫困不仅指个体自身处于物质贫困的状态，而且指其所生活的社会环境、所受的种种社会限制导致个体同样处于发展机会贫困的状态，无法自由选择其他生活方式。“‘权利丧失’才是贫困的根源，引起饥荒的真实原因是饥荒之前的人们权利的丧失。”[①] 上述两种阐述贫困的理论，为教育在扶贫方面的内在价值与重要意义做出不言而喻的诠释。应通过教育培养人们脱贫的“可行能力”、通过教育来赋予贫困个体发展的空间，从而间接赋予他们摆脱贫困的权利，实现从“扶教育之贫”到“依靠教育扶贫”的转变。这不论是在教育领域还是在扶贫领域，均可以看作是较具突破性的理论依据。

（二）教育扶贫重大行动

2018～2019 年度，我国教育扶贫领域的重大行动呈现出稳定性、持续性和规模性并重的发展态势，在承接过去几年教育扶贫行动的基础上，在职业教育、高等教育和教师工作领域，又产生了新的行动突破。

1. 职业教育领域

该领域的年度教育扶贫重大行动主要表现为高职扩招专项工作。

2019 年 3 月 5 日，李克强总理在《政府工作报告》中明确表示，2019 年

① 程萍：《社会工作介入农村精准扶贫：阿马蒂亚·森的赋权增能视角》，《社会工作》2016 年第 5 期。

要对我国高职院校进行扩招，数额为 100 万人。在《政府工作报告》与《国家职业教育改革实施方案》的共同推动下，2019 年 5 月 13 日，《教育部等六部门关于印发〈高职扩招专项工作实施方案〉的通知》发布，为高职扩招工作的稳步推进提供政策保障。《高职扩招专项工作实施方案》规定，全国各地科学分配扩招计划，贫困连片地区重点布局，主要面向“普通高中毕业生、中职（含中专、技工学校、职业高中）毕业生、退役军人、下岗失业人员、农民工和新型职业农民等报考高职院校的群体”系统开展高职扩招工作①。

如表 5 所示，根据教育部职成司的专项统计，在高职扩招政策的指引下，已有省份开始做出具体行动②。

表 5　2019 年部分省份高职扩招工作进展

省　份	进　展
山东省	印发《山东省高等职业院校扩招实施方案》，分两批次进行高职扩招。第一批已于 4 月底完成；第二批于 8 月完成报名。全省 82 所高职院校共有 56752 个招生计划
福建省	印发《关于做好 2019 年高职扩招专项报名工作的通知》，高职扩招专项考试采取“文化素质 + 职业技能”的方式进行
陕西省	对于退役军人和下岗失业人员、农民工、新型职业农民，免予文化素质考试，由各校根据学校基本培养要求，组织与报考专业相关的职业适应性测试或职业技能测试，依据测试成绩录取

2. 高等教育领域

高等教育领域的年度教育扶贫重大行动主要表现为开展农村订单定向免费本科医学生培养工作。

为贯彻落实《国务院办公厅关于改革完善全科医生培养与使用激励机制的意见》（国办发〔2018〕3 号）精神，助力贫困地区的基本医疗与教育

① 《教育部等六部门关于印发〈高职扩招专项工作实施方案〉的通知》，http：//www. moe. gov. cn/srcsite/A07/moe_ 737/s3876_ qt/201905/t20190513_ 381825. html. 2019 - 5 - 13。

② 教育部：《扩招 100 万，亮出高招！高职院校该怎么教好这批新生?》，http：//www. moe. gov. cn/jyb_ xwfb/xw _ zt/moe _ 357/jyzt _ 2019n/2019 _ zt19/baodao/201909/t20190905 _ 397850. html，2019 - 09 - 05。

建设，教育部办公厅连续两年发布了相关通知，稳步开展农村订单定向本科医学生免费培养的行动。行动的具体要求如表 6 所示。

表 6　农村订单定向医学生免费培养行动

政策支持	定向招生数量	具体要求
《关于做好 2018 年中央财政支持中西部农村订单定向免费本科医学生招生培养工作的通知》	6483 人	只招收定岗单位所在县农村生源；免费定向本科医学生录取后、获得入学通知书前，须与培养高校和定向就业所在地的县级卫生健康、人力资源社会保障行政部门签署定向培养和就业协议
《关于做好 2019 年中央财政支持中西部农村订单定向免费本科医学生招生培养工作的通知》	6700 人	

3. 教师工作领域

该领域的年度教育扶贫重大行动主要表现为学校教师特设岗位计划和“三区”教师支教行动计划的施行与开展。

（1）学校教师特设岗位计划

为吸引更多优秀的大学生毕业后到农村任教，大力促进教育公平，更好地服务乡村振兴战略和教育脱贫攻坚工作，教育部 2018 年、2019 年均推行了针对农村义务教育的“学校教师特设岗位计划”。根据教育部办公厅的统计数据，2018 年农村义务教育阶段学校教师特设岗位计划实施情况如下①。

2018 年全国计划招聘特岗教师 9 万人，截至 2018 年 9 月底，实际招聘到岗 8.52 万人，计划完成率为 94.7%。其中，具有本科及以上学历的 6.31 万人，占总数的 74.1%。新招聘的特岗教师分布在 22 个省份的 3.78 万所农村学校，其中，乡镇中学占 32.5%，乡镇小学占 33.9%，村小占 26.6%，教学点占 7.0%。从分省情况看，17 个省份计划完成率超过 90%，其中，河北、山西、内蒙古、黑龙江、云南、陕西、新疆 7 个省（区）计划完成率达到 98% 以上。

① 教育部办公厅：《关于 2018 年农村义务教育阶段学校教师特设岗位计划实施情况的通报》（教师厅函〔2019〕1 号），2019 年 1 月 9 日。

特岗教师2018年度的留任情况总体而言态势良好。截至2018年9月，有6.08万人经考核合格自愿留任，留任率为90.2%，其中，山西、内蒙古、吉林、黑龙江、江西、海南、贵州、云南、陕西、甘肃、宁夏、新疆等12个省（区）留任率超过90%。

鉴于部分省份存在招聘计划完成率较低、特岗教师保障政策有待进一步落实、组织管理工作有待进一步完善等种种无法避免的问题，2019年度教育部对农村义务教育特岗教师工作提出了更进一步的要求，具体政策措施和行动重点如表7所示。

表7 2019年度教育部学校教师特设岗位计划的政策措施和行动重点

政策措施	教师招聘数量	工作重点
《关于做好2019年农村义务教育阶段学校教师特设岗位计划实施工作的通知》	10万名	切实加强乡村学校教师补充，优先满足“三区三州”等深度贫困地区县村小、教学点的教师补充需求，县城学校不再补充新的特岗教师；进一步优化教师队伍结构，保持合理的性别比例，加强体音美、外语、信息技术等紧缺薄弱学科教师的补充；向本地生源倾斜

（2）“三区”教师支教行动计划

与学校教师特设岗位计划相平行，为有力推动教育精准扶贫、精准脱贫政策的落实，教育部面向边远贫困地区、边疆民族地区以及革命老区（简称“三区”）连续两年推行了教师支教行动计划。具体计划内容如表8所示。

表8 2018~2019年度教育部“三区”教师支教行动计划

政策措施	选派数量	选派要求
《关于做好2018年“三区”人才支持计划教师专项计划有关实施工作的通知》	全国共24026人（义务教育22910人/非义务教育1116人）	原则上选派具有中级以上专业技术职务的骨干教师，幼儿园教师可适当放宽条件，学校管理人员应具有较强的组织领导能力和丰富的学校管理经验。支教以全日制工作形式为受援地提供服务，时间为1年，鼓励延长支教时间或留任工作
《关于做好2019年边远贫困地区、边疆民族地区和革命老区人才支持计划教师专项计划有关实施工作的通知》	全国共23230人（义务教育22310人/非义务教育920人）	

三　我国教育扶贫发展的未来趋势探析

有学者指出，我国现阶段的教育扶贫政策存在一定程度上的问题，一是将教育扶贫对象的甄别与国家贫困标准直接对应，导致教育扶贫制度的设计部分地偏离教育规律和教育教学改革的自身需求和发展趋势；二是教育扶贫制度设计中过于突出和聚焦政府自身的功能；三是教育扶贫的制度设计部分地混淆了教育公平、教育质量与教育贫困的差异。[①] 问题的存在既是对现状的总结，又是对未来发展的考量。这一方面揭示了我国教育扶贫政策不可避免的短板所在，另一方面又为教育扶贫政策的“精准化”落实提供了较为明确的战略方向。结合近年来我国教育扶贫领域的政策以及部分重大行动，不难窥出在社会主义新时代的今天，我国也正在逐渐发展、完善出具有中国特色的教育扶贫路径。

（一）教育扶贫信息化程度不断加深

从传统教育扶贫向现代教育扶贫转变，是新中国成立 70 年来我国教育扶贫的整体走向之一。[②] 此种走向会随着现代教育技术与大数据信息技术的演进而不断得到催化，且必将成为未来我国乃至世界教育扶贫模式升级的重要助力。在我国教育扶贫的具体实践中，贵阳长顺县的智慧教育扶贫项目、甘肃省教育精准扶贫大数据平台的建设、江西上饶市的“互联网 + 教育精准扶贫”实施方案等均可被看作我国教育扶贫信息化的正面实例。任友群等认为，数据驱动是促进教育精准扶贫的关键[③]。一方面对贫困地区建立具体的数据库，以实现对贫困户的建档立卡、精准到人，在教育扶贫的对象层

---

① 司树杰、王文静、李兴洲：《教育扶贫蓝皮书：中国教育扶贫报告（2016）》，社会科学文献出版社，2016。

② 魏有兴：《中国教育扶贫 70 年：历程、经验和走向》，《深圳大学学报》（人文社会科学版）2019 年第 5 期。

③ 任友群、冯仰存、徐峰：《我国教育信息化推进精准扶贫的行动方向与逻辑》，《现代远程教育研究》2017 年第 4 期。

面实现信息化的覆盖；另一方面通过互联网和现代教育技术辅助实现对贫困地区师资力量的帮扶，如开展在线教师培训、远程教育资源共享等活动，在教育扶贫的主要实施者层面发挥现代教育技术的作用。

由此可知，现代信息技术的发展所传递给教育扶贫的积极信息，使教育扶贫的现代化发展已不是纸上谈兵；与此同时仍要意识到的是，深度贫困地区的信息化发展同样形势艰难，大数据与“互联网 +”的应用缺乏相应载体和基础。此外，如何应对由现代信息技术发展而带来的不同地区贫富差异拉大的马太效应，也是教育扶贫行动者不容忽视的重点所在。

（二）追求可持续发展式的教育扶贫模式

作为自环境生态领域衍生而出的概念，可持续发展（Sustainable development）在世界环境与发展委员会发表的《我们共同的未来》报告中被定义为“既满足当代人的需求，又不对后代人满足其需求的能力构成危害的发展”[①]。它注重社会经济、人口、文化、资源、环境等诸种要素之间的共生共长，强调适度、“中庸”的发展模式，体现出人类对自身和所处环境关系的反思与人道主义关怀。

2003年，“树立全面、协调、可持续的发展观”成为我国科学发展观重大战略思想的组成部分，这意味着在我国，“可持续发展”已经成为具有普适性的社会发展理念，也是扶贫领域进一步的发展标准与价值追求。教育作为促进扶贫的有效手段和实现脱贫的有效路径，一方面其本身的发展阶段具有可持续性，另一方面其需要持续不断地努力才能取得预期的成果，最适宜成为脱贫大计的内生动力与源头活水。有学者对国际社会的教育扶贫经验进行总结与反思后，指出走可持续发展式的教育扶贫之路才是彻底消除贫困、实现个人和社会可持续发展的必然选择。[②] 追求可持续发展式的教育扶贫模

① 世界环境与发展委员会：《我们共同的未来》，王之佳、柯金良等译，吉林人民出版社，1997。

② 傅林：《可持续发展式教育扶贫：国际经验与反思》，《天津师范大学学报》（社会科学版）2019年第3期。

式，体现出我国对“坚决打赢脱贫攻坚战”这一重大目标认识的深化。贫困是一种现象，而非单纯的问题，因此一蹴而就式的扶贫模式必然导致返贫现象的出现。只有追求可持续发展式的教育扶贫模式，才是我国逐步消除绝对贫困、有效缓解相对贫困，进而切实打赢脱贫攻坚战、实现“两个一百年”奋斗目标的必由之路。

（三）教育扶贫加深对法治化的诉求

已有学者在研究中指出，新时期我国的精准扶贫工作虽取得了一些卓越成就，但同时存在的工作缺乏制度保障、资金有限、政府部门职责不明确等障碍[①]，束缚了脱贫力量的深化发展。纵观国际扶贫历程，立法乃是促进后进地区经济开发的有力举措，如美国 1961 年制定《区域再开发法》、1965 年制定《阿巴拉契亚地区开发法》等，为经济落后地区的发展进行政策援助，强效拉动深度贫困地区的经济、产业增长；再如贫困问题显著的印度，2006 年颁布《国家农村雇佣保证法案》并将其作为扶贫基础法，保证每户家庭人均每天得到最低 60 卢比（约合 12 元人民币）的生活费用和 100 天的劳动时间[②]，以此从国家的高度保障扶贫的最低限度和持久程度。精准扶贫、全面打赢脱贫攻坚战重大战略要求的实现离不开法治化的深层次保障，在教育扶贫领域同样如此。在《中国农村扶贫开发纲要（2011～2020 年）》的呼吁下，2018 年，中共中央国务院《关于打赢脱贫攻坚战三年行动的指导意见》再次提出“研究推进扶贫开发立法”的愿景和诉求，表明不论是在我国脱贫攻坚战“破釜沉舟”决胜时刻的现阶段，还是在全面建成小康社会后的下一发展时期，我国扶贫进一步的法治化都将是大势之所趋。

① 杨秀丽：《精准扶贫的困境及法制化研究》，《学习与探索》2016 年第 1 期。

② 马洪雨：《我国扶贫开发国家立法具体化研究》，《甘肃社会科学》2012 年第 4 期。

《中国教育发展与减贫研究》2019年第2辑
第50～60页

论贫困地区区县教师专业发展学校的构建：价值、内涵、特征与策略

靳 伟*

【摘　　要】 贫困地区区县教师专业发展学校构建具有推动区域教育均衡化、完善区域教育治理结构，并最终通过提升中国教育底部质量实现教育总体质量提升等三个方面的价值。贫困地区区县教师专业发展学校是在政府支持下，以区县优质学校为主体旨在促进区县教师专业发展的组织，具有主体性强、实践文化强和重心低等特征。构建贫困地区区县教师专业发展学校要依托政府支持，争取高校参与，遴选优质中小学幼儿园，以项目和资源开发为核心，并积极借力信息化优势。

【关 键 词】 贫困区县　教师专业发展学校　教育均衡　教育治理　教育现代化

一　问题提出

贫困地区区县教师专业发展学校的建构需要以回顾教师专业发展学校建

* 靳伟，教育部普通高校人文社会科学重点研究基地北京师范大学教师教育研究中心博士研究生，主要研究方向为教师自我与教师教育教学法。

设的国内外经验以及新时代我国社会和教育发展的定位和远景规划为前提。

从教师专业发展学校建设的国内外经验看，区县教师专业发展学校是我国对美国教师专业发展学校的创新。美国教师专业发展学校（Professional Development School）是霍姆斯小组1986年在《明日之教师》的报告中提出的旨在提升基础教育和教师教育质量的一种大学与中小学伙伴关系形式。[①] 这种伙伴关系的实施取得了较好的实践效果，并迅速扩展到美国之外的其他国家的不同地区。例如，自2001年以来，我国北京、上海、浙江、湖北等地进行了一系列探索，形成了具有中国特色的教师专业发展学校样态，创新了美国教师专业发展学校的最初设计。[②] 但总体而言，教师专业发展学校仍然以师范院校作为发起的主体，很难落实到区县层面，尤其是贫困地区的区县。换言之，对教师专业发展学校作为一种推动贫困地区教师教育和基础教育发展方式的探讨是缺乏的。

从新时代我国社会和教育发展定位和愿景看，目前，我国处在实现中华民族伟大复兴的历史关口，一方面，精准扶贫成为国家发展的一项重大战略。2020年是精准扶贫的攻关之年，不能帮助贫苦地区脱贫就无法实现中华民族的伟大复兴。另一方面，教育是阻断贫困地区代际传递的重要手段，在扶贫工作中起着“基础性”的作用。[③] 与此同时，中共中央国务院于2019年2月印发《中国教育现代化2035》，提出要“健全以师范院校为主体、高水平非师范院校参与、优质中小学（幼儿园）为实践基地的开放、协同、联动的中国特色教师教育体系”。由此可见，国家从政策层面上开始凸显优质中小学在教师教育体系构建方面的作用。

在上述背景下，我们提出以贫困地区的优质中小学为依托，构建贫困地区区县教师专业发展学校，推动区县优质学校服务本地教师发展，提升教师发展内生动力，从而做强中国教育的“最后一公里”。回到教育实践界和学术界，我们发现对教师专业发展学校的探讨主要集中在对国外发展情况的介

① 胡艳：《美国教师专业发展学校述评》，《中国教育学刊》2010年第3期。

② 陈上仁：《我国教师专业发展学校伙伴合作创新方略》，《大学教育科学》2014年第5期。

③ 顾明远：《发挥教育在扶贫中的基础性作用》，《中国教育发展与减贫研究》2018年第1期。

绍和评论上，在国内的实践探索多围绕师范院校展开，教师专业发展学校区县层面以上探讨较多，区县层面探讨较少，就更别提贫困地区了。因此，本文聚焦于如下三个方面的问题：构建贫困地区区县教师专业发展学校的价值何在？贫困地区区县教师专业发展学校的内涵和特征是什么？如何构建贫困地区区县教师专业发展学校？这些都是构建贫困地区区县教师专业发展学校的基础性问题。本文着力于探讨上述三个问题，为贫困地区区县教师专业发展学校的构建提供价值、内涵特征与策略上的认知，并推动贫困地区区县教师专业发展学校建设。

二　构建贫困地区区县教师专业发展学校的价值

价值是一个反映主客体关系的范畴，主要表达客体属性对主体需求的满足状况[①]。贫困地区区县教师发展学校的价值主要体现在促进贫困地区区县教育均衡发展、完善贫困地区区县教育治理结构，以及推动国家整体教育质量提升等三个方面。

（一）促进贫困地区区县教育均衡发展

贫困地区区县教师专业发展学校建构的第一重价值体现在促进区域教育均衡发展上。教育均衡发展是教育现代化的具体体现，这种均衡化体现在区域教育均衡化发展、城乡教育均衡化发展等方面。贫困地区区县教师专业发展学校的建立对教育均衡化发展的贡献主要体现在两个方面：一是确保教育资金投入重心进一步从省市一级下降至区县一级，从而强化贫困地区区县教育，推动贫困地区区县教育和一线城市教育之间的均衡发展。二是确保贫困地区区县层面优质学校与非优质学校之间的均衡发展。受历史等因素影响，区县层面依然存在城乡教育不均衡、学校之间教育发展不均衡的情况。建立贫困地区区县教师专业发展学校，有利于实现区县层面的教育能量在不同学

① 朱旭东：《论“国培计划”的价值》，《教师教育研究》2010年第6期。

校尤其是不同学校的教师之间流动，从而实现区县内教育均衡化发展。正如叶菊艳、卢乃桂所言，能量流动是实现教育公平和教育质量提升的重要手段。[①] 当学校教育、城乡教育均衡发展同时实现时，我国教育均衡发展的整体水平将极大提升，并最终实现我国教育整体的均衡发展。

（二）完善贫困地区区县教育治理结构

贫困地区区县教师专业发展学校的第二重价值体现在完善贫困地区区县教育治理结构上。教育治理结构优化是教育现代化的内在要求，我国的教育治理结构既包括宏观层面上的教育治理，又包括中观、微观层面上的教育治理。贫困地区区县教师专业发展学校的建立，是区县层面教育治理水平提升的一次实践，这种治理主体的多元性主要体现在两个方面。第一，贫困地区区县教师专业发展学校的建立并不是贫困地区区县优质学校自主自发的行为，而是需要教育行政部门甚至是高校的支持。由此可见，贫困地区区县教师专业发展学校的核心主体是优质中小学，但必须有政府的扶持和高校的指导，这种多元主体的参与是完善教育治理现代化的具体体现。[②] 第二，贫困地区区县教师专业发展学校本身是区县教师教育体系的构成部分，它是在同校本教师专业发展中心、区县教师发展中心、区县名师工作室（坊）等相关主体互动的过程中，实现自身服务区域教师专业发展的功能的。这种多主体的参与，必然导致教育治理结构的复杂性，为优化区域教育治理结构奠定基础。

（三）推动国家整体教育质量提升

贫困地区区县教师专业发展学校的第三重价值体现在推动国家教育质量的整体提升上。教育质量提升既是教育现代化的要求，也是教育现代化的结果。但是，我国教育质量提升的关键不在于发达地区教育质量的进一步优化，

① 叶菊艳、卢乃桂：《“能量理论”视域下校长教师轮岗交流政策实施的思考》，《教育研究》2016 年第 1 期。

② 张健：《教育治理体系的现代化：标准、困境和路径》，《教育发展研究》2014 年第 9 期。

而是在于中西部地区尤其是中西部贫困地区区县教育质量的提升，中国的教育现代化不是局部的教育现代化，而是整体上的现代化。从这个角度看，贫困地区区县教育质量才是实现教育现代化的“硬骨头”和薄弱环节。贫困地区区县教师专业发展学校在空间上与区县普通学校以及区县以下学校的距离最近，在发展情景上具有相似性，是区县普通学校和区县以下学校最容易达到的“最近发展区”。只要政府确立将优质学校作为区县教师专业发展学校的合法地位，那么，教育能量便会在学校之间互动，实现共振。贫困地区区县教师专业发展学校的教育经验互动与共振非但不会削弱学校发展的契机，相反，将会带动贫困地区区县不同学校主体、教师主体之间的沟通与交流，推动教育智慧的扩散，并最终提升教师质量和教育质量。当全国2882个县的整体教育质量提升时，我国的教育整体质量便会提升，并最终实现教育现代化。

三　贫困地区区县教师专业发展学校的内涵与特征

贫困地区区县教育强，中国教育才能全面强。从这个意义上讲，建立贫困地区区县教师专业发展学校是必要的，但贫困地区区县教师专业发展学校的内涵是什么？与以往的教师专业发展学校相比，核心特征是什么？

（一）贫困地区区县教师专业发展学校的内涵

贫困地区区县教师专业发展学校是区县教师教育体系的构成部分，是在政府的支持下，以贫困地区区县优质中小学为基地建立的旨在推动区县教师专业发展的组织。优质中小学主要是指基础教育领域在社会上具有广泛影响力、师资力量雄厚、按教育规律办学的优秀中小幼学校。[①] 贫困地区区县教师专业发展学校与普通学校的区别在于其内部存在一批优秀的教师，同时，他们具有开发教师发展项目、建设教师发展资源、不断探索教师专业发展规

① 朱旭东：《论“国培计划”的价值重估——以构建区县教师教育新体系为目标》，《云南师范大学学报》（哲学社会科学版）2019年第3期。

律的能力，是一批源于中国教育实践，能用中国教育本土经验，推动区县教育改革的专业人员。换言之，学校内部存在一批能够遵循教师专业发展规律，以“发展教师”“提升教师能力”为目标的一大批中小学教师教育者。

（二）贫困地区区县教师专业发展学校的特征

贫困地区区县教师专业发展学校与传统教师专业发展学校具有共性，但又有不同。两者的共性主要体现在两者都是多主体共同治理的教育专业组织形式，都致力于促进教师专业发展。贫困地区区县教师专业发展学校可以采用传统教师专业发展学校的方式，但必须凸显出自身的特征，它的突出特征体现在三个方面。

第一，贫困地区区县教师专业发展学校的主体性强。传统教师专业发展学校以大学为主导，由大学牵头，为的是解决教师教育与基础教育脱节、师范生培养质量不高的问题。贫困地区区县教师专业发展学校仍然可以采取传统教师专业发展学校的模式，采用大学与中小学建立合作伙伴关系的方式，但其也在尝试建构一种优质中小学与普通中小学的伙伴关系。在这种关系中，贫困地区区县教师专业发展学校的主体是优质中小学。正如上文所讲，优质中小学的发展如果有高校的支持，并且能够服务师范生质量的提升，那将更是锦上添花。换言之，只有推动贫困地区区县教师专业发展学校的发展，才能为贫困地区教师专业发展提供自我造血功能，不断开发和创造符合贫困地区区县教师发展特征的项目。

第二，贫困地区区县教师专业发展学校的实践文化强。传统教师专业发展学校是一种教师教育模式，一种合作伙伴关系。因此，在合作中，必然存在大学的学术文化、权威文化、重视理论的文化与中小学实践文化、行动文化、重视操作的文化之间的冲突①，因此，双方在形成文化共性上存在一定的障碍。贫困地区区县教师专业发展学校在行政力量的推动下，更多是中小

① 林伦伦、黄景忠：《教师专业发展学校的建设原则与运作模式》，《教育评论》2012 年第 4 期。

学文化与中小学文化的相遇，文化具有相似性，因此优质学校的教育经验可以通过课例研究、观摩示范、集中研讨等方式，从一所学校延伸至另一所学校，因此实践文化的属性更强。

第三，贫困地区区县教师专业发展学校的重心低。传统教师专业发展学校以大学为主导，大学往往会在所在地，选择离院校比较近的优质学校作为合作对象，从空间布局上看，往往在省、市一级。在传统的教师专业发展学校中，虽然主张大学与中小学之间保持一种平等、尊重和共赢的关系，但受到文化冲突、利益冲突等要素的影响，大学与中小学之间共同发展的理念很难达成，大学的教育经验很难影响到中小学的发展。区县教师专业发展学校提倡以优质中小学为主体，实际上，在现实中，优质中小学在教师专业发展等方面积累了丰富的经验，这些经验与一线教师的实践密切相关，更能得到一些教师的认可和接受。从这个角度看，区县教师专业发展学校的重心更低。

综上，贫困地区区县教师专业发展学校的主体性更明确，与辐射学校的文化共享性更强，重心下移带给学校发展的可能性更大，从这个角度上看，贫困地区区县教师专业发展学校是对美国教师专业发展学校的创新。但是，如何建设贫困地区区县教师专业发展学校呢？

四　建设贫困地区区县级教师专业发展学校的策略

策略是指行动的整体安排和宏观布局。考虑到我国教育治理的特征，我们提出突出行政力量支持、吸引高校参与，以优质中小学幼儿园为主体，以教师专业发展项目和资源开发为核心，充分发挥信息化的作用，推动贫困地区区县级教师专业发展学校建设的策略。

（一）突出行政力量支持

从北京师范大学教师教育研究中心组织的“三区三州”教师教育能力

建设公益项目我们得知，缺乏政府支持是在“三区三州”（如四川凉山州）构建区县教师教育体系，包括区县教师专业发展学校的关键障碍①。在我国当前的教育治理中，行政支持和领导重视是开展各项工作的重要前提，也是各项工作取得合法性的基础。政府支持主要有两方面的意义与内涵，其一，政府政策支持。政策支持首先可赋予教师专业发展学校合法地位；其次，有助于加强教师专业发展学校在机构、组织、人员、活动、经费等方面的规范性，并将这些内容作为评估教师专业发展学校的重要指标。其二，政府经费支持。区县教师专业发展学校以服务义务教育学校、促进教育均衡发展为目标，因此政府有义务在经费上支持区县级教师专业发展学校的发展。同时，政策支持与经费支持是相辅相成的。政府应提供经费保障，但对经费支出必须通过评估问责等方式确保教师专业发展学校的成效，确保在利益和义务上的均衡性。

（二）吸引高校参与

吸引高校参与对贫困地区区县教师专业发展学校的发展具有锦上添花的作用。之所以说是锦上添花，主要是因为贫困地区区县教师专业发展学校获得高校支持是非常困难的。在我国，高校主要集中在市一级城市，但一个市往往由十个甚至以上的区县构成，有些贫困县所在的市尚未有高校。而且，地方高校服务基础教育的意识和能力还比较弱，因此，贫困地区区县教师专业发展学校能够获得高校的支持是不容易的，就更别提获得高水平高校的支持了。在这种背景下，高经济发展水平地区的高校要响应国家号召，站在实现中华民族伟大复兴的高度，积极参与贫困地区教师专业发展学校的建设。高校与贫困地区区县教师专业发展学校的合作要突破高校与传统教师专业发展学校合作的弊端，主要需要从以下两个方面做出改进。

其一，高校教师教育者进入贫困地区的中小学后，不应当将从大学带来的理论直接讲授给中小学教师，而应当对这些理论进行“转译”，转换为中小

---

① 付钰：《教师内在动力提升是教师教育精准扶贫的关键——来自“三区三州”教师教育能力建设公益项目的思考》，《中国教师》2019 年第 5 期。

学教师可以理解和吸收的话语体统，为中小学教师理解理论话语搭建支架。高校教师教育研究者进入中小学后，要以中小学学生、教师、家长、教师学习、学生学习、课堂教学、师生沟通、家校沟通、生生沟通等日常教育活动中出现的独特现象，以及这些现象中的问题作为研究对象，将这些对象放置在自我研究的学术脉络中，从而在研究的过程中生产能够服务于中小学教师和学生的“情境性知识”或“本地化知识”。高校教师教育者研究水平在贫困地区区县教师专业发展学校中集中表现为能否生产能够服务基础教育质量提升的知识，而不仅仅是高度抽象化或理论化的知识。在这个过程中，高校研究者将探究实践的文化和行动习惯逐步浸润到中小学教师群体中，让中小学教师从实践探究的合法的边缘性参与者，不断走向实践探究共同体的中心，让一线教师关注实践中的问题，通过探究实践中的小问题，逐步形成一种反思性实践的文化。

其二，师范生在进入贫困地区区县教师专业发展学校后，也需要通过合法的边缘性参与的学习方式，以观察、理解、行动、操作、重塑和创新自我教育教学能力为重要目标，增强对教什么、如何教、为什么教、培养什么样的人、如何培养人、学生学习什么、如何学习、为什么学习等教育教学基本问题的思考，推动自我成为理解和变革教育教学的重要参与者。师范生进入中小学后要不断增强能力，逐步承担中小学教育教学工作，为中小学教育教学、学生学习增效，而不是像传统观念认为的，师范生进入中小学会削弱中小学的教学质量。

总之，贫困地区区县教师专业发展学校在发展上要突出与大学之间的尊重与共赢，真正实现职前教师培养和职后教师发展的有机衔接，让高校优质的资源真正能够服务到贫困地区区县教师专业发展学校中教师教育者能力的提升。与此同时，高校教师教育者要以贫困地区的实践经验为依托，提炼中国教育发展的理论，形成中国教育创新的经验，并进一步讲好中国贫困地区教育振兴的故事。

（三）遴选贫困地区区县优质中小学幼儿园

贫困地区县级教育行政部门应当在考察县域内学校校本教师专业发展活

动现状的基础上，将那些开展校本教师专业发展活动针对性、实效性强的学校选拔出来，将其作为教师专业发展学校的实践基地。具体而言，贫困地区区县教师专业发展学校需要满足以下条件。第一，优质学校愿意开放学校和课堂。第二，优质学校存在一批具有教师教育能力的教师。具体而言，这些教师具有示范教学、诊断教学、指导教学和研究教学的能力，只有这样，才能够确保推动区域教师的不断发展。第三，形成一种协商与讨论的文化，以及问题解决的思维方式。贫困地区区县教师专业发展学校并不是教师发展问题和教育问题的正确答案提供者，而是区域教育问题解决的发起者和担当者。诚然，在贫困地区遴选优质中小学是困难的，但只有以优质中小学作为重要的突破口，才能不断提升贫困地区本土化教师教育者的能力，让他们成为贫困地区教育发展的火种和苗子，只有这样，才能不断推动贫困地区教育质量的提高。

（四）以开发教师专业发展项目和资源为核心

贫困地区区县教师专业发展学校的核心职能体现在为贫困地区的区县教师专业发展提供支持和服务上。教师专业发展项目与资源是支持和服务教师专业发展的重要载体。贫困地区区县教师专业发展学校应当鼓励贫困地区区县教师专业发展学校范围内的全部教师，甚至贫困地区区县外的教师专业发展学校的教师生产适应本地教师专业发展的资源，推动教师专业发展的不断升级。普通学校的教师专业发展水平有限与学校专业资源有限、专业活动形式单一、活动深度不足有密切关系。教师专业发展学校作为一个合作平台，最高价值主要体现在平台中的不同主体，为了教师发展的共同目标，集中人力资源和物质资源，创造出推动教师专业发展的有效资源和活动。教师专业发展学校的专业性主要体现在其专业资源和专业活动的生产力，将其发展成为教师专业发展领域的一个专业共同体，像一个吸盘一样，将教师凝聚在这个共同体中。

（五）充分发挥信息化的作用

从传统意义上看，以优质学校为基础的教师专业发展学校与其他学校之间总是存在一定的空间距离，在教师工作比较忙碌的情况下，尤其需要考虑在信息化和互联网背景下推动教师专业发展学校的发展，以及形成混合式的教师专业发展学校新形态。[①] 在信息化、大数据、人工智能等新时代的条件下，贫困地区区县教师专业发展学校的建设要突破传统的以面对面的实地情景为主的工作方式。[②] 传统的实地情景主要优势是更为真实，交流可能更为深入，但是，由于大学教师和中小学教师自身工作任务比较繁重，在这种情况下，他们的交通和时间成本会增加，这种情况在贫苦地区表现得更为突出，因此更需要提升教师的信息技术使用条件，增强教师在信息技术条件下工作的主动性和能动性。教师信息技术能力的提升是教师高素质、创新和专业化的一种重要体现，也是教育现代化的重要构成部分。

五 结语

贫困地区区县教师专业发展学校的构建，从短期来看，有助于保障贫困地区儿童的受教育权，促进贫困地区教育质量的提高，阻断贫困代际传递；从长远来看，有助于实现我国的教育现代化和国家整体的现代化。正如《中国教育现代化2035》提出的那样，“培养高素质教师队伍，健全以师范院校为主体、高水平非师范院校参与、优质中小学（幼儿园）为实践基地的开放、协同、联动的中国特色教师教育体系”。贫困地区区县教师专业发展学校作为区县教师教育体系的构成部分，是中国特色教师教育体系的一个生动体现，它邀请多个主体共同参与到教育和教师教育的治理中，有利于“全方位协同推进教育现代化，形成全社会关心、支持和主动参与教育现代化建设的良好氛围”，有助于实现教育精准扶贫的目标，实现教育现代化，并最终实现中华民族的伟大复兴。

① 赵可云、陈武成、何克抗：《混合式教师专业发展学校（B－PDS）的思考与实践》，《电化教育研究》2014年第5期。

② 赵可云、黄雪娇、杨鑫：《信息化背景下教师专业发展学校（PDS）的新趋向与实现路径》，《现代远距离教育》2016年第6期。

《中国教育发展与减贫研究》2019年第2辑
第61~72页

校本教师专业发展中心：提升校本教师专业发展的内驱力

董秋瑾*

【摘　　要】基于区县教师教育新体系框架，校本教师专业发展中心旨在从学校层面，为每一位教师专业发展提供最基础的保障。教师专业发展的内在特性、自组织诉求以及面临的现实困境凸显了当前在我国构建校本教师专业发展中心的价值和意义。一切为了教师的发展、秉持共同的愿景和目标以及根植于实践又回归至实践是校本教师专业发展中心运行的基本原则。本文最后提出了构建校本教师专业发展中心的策略建议，以期为推动校本教师专业发展中心建设提供借鉴和思考。

【关 键 词】教师专业发展　终身学习　校本教师专业发展中心

引　言

教师是教育扶贫的关键，也是盘活贫困地区教育发展资源的主体力量。基于当前贫困地区教师教育体系不健全等现实难题，北京师范大学教师教育

* 董秋瑾，教育部普通高校人文社会科学重点研究基地北京师范大学教师教育研究中心研究人员，新疆师范大学继续教育学院教师，主要研究方向为教师教育。

研究中心面向“三区三州”和云南滇西贫困地区，启动实施了“启师·沃土计划”区县教师教育新体系建设公益项目。项目秉持“立足本土、专业引领和协同发展”① 三大价值定位，以提升区县教师教育内驱力为指向，构建机构完善、制度健全、队伍优良的区县教师教育新体系，从而为区县内教师提供专业发展和终身学习支持。

那么，在四大机构组成的区县教师教育机构体系内，我们该如何发挥学校这一组织作用，以提升校本层面为教师专业发展服务的内驱力？这就需要回答以下几个问题。

（1）为什么要构建校本教师专业发展中心？校本教师专业发展中心与教师专业发展之间存在怎样的关联？

（2）校本教师专业发展中心的内涵是什么？即在学校组织内，校本教师专业发展中心将发挥哪些功能，具有哪些典型特征？

（3）如何构建校本教师专业发展中心？即在当前贫困地区区县教师教育体系下，如何整合、优化学校现有资源，运用专业力量，为教师专业发展服务？

查阅和梳理相关文献发现，从校本层面探讨教师专业发展的研究成果较多，研究者主要从三方面展开：一是基于不同理论视角探讨校本教师专业发展的适宜性和可能性，但并未对校本教师专业发展中心这一机构的设立做相关阐述；二是从校本层面就促进教师专业发展的保障机制做了相关研究，但缺乏整体视角；三是对如何提升校本培训、校本研修等实施成效，促进教师专业发展进行了探究，提出了意见建议等。简言之，从系统角度，尤其从区县教师教育体系建设的角度，来探讨学校层面校本教师专业发展中心建设的相关研究尚少。因此，本文将围绕构建校本教师专业发展中心的价值和意义、校本教师专业发展中心的内涵及特征与构建校本教师专业发展中心的策略建议，并结合目前项目实施以来项目区县学校开展的实践探索进行阐述，以期为提升校本教师教育发展内驱力提供借鉴和思考。

① 付钰：《教师内在动力提升是教师教育精准扶贫的关键——来自“三区三州”教师教育能力建设公益项目的思考》，《中国教师》2019年第5期。

一　构建校本教师专业发展中心的价值与意义

目前，教师专业发展应走向校本，植根于日常教育教学活动，已成为研究者们的基本共识。这是因为，学校是教师专业发展实践的最天然场域，有最真实的课堂和最熟悉的学生，也有最明确的学校教育教学改革的要求和方向。因此，在学校层面，建立专门为教师专业发展服务的专业机构，即校本教师专业发展中心则成为必然，这也是契合教师专业发展的内在特性、满足教师专业发展的自组织诉求以及破解当前教师专业发展的现实困境的最基本途径。

（一）契合教师专业发展的内在特性

设立校本教师专业发展中心，其首要目的就是保障学校层面开展有效的教师专业发展活动。已有研究表明，有效的教师专业发展活动要符合教师工作特性、基于学校情境，根植教师教学实践，因此，学校便成了教师专业发展最佳的实践场域。

国内外有关教师发展的三种取向演变表明我们对教师工作特性的理解越发深刻，也越发强调教师发展需要适宜的土壤和环境，教师知识的学习需要与实际的情境联系起来，从而去改变课堂实践。[①] 陈向明、张玉荣指出，教师工作作为一种专业实践活动，处于“低洼的沼泽地”，“需要实践者不断重构问题，在行动中反应，与情境对话，进行实验性探究”[②]，教师最需要的是学校层面能够提供基于学校实际的学习情境、激励措施与发展氛围等有关教师专业发展的基本保障，而学校层面开展的教师专业发展活动实质则应是“基于日常工作、自我启动、既有外部专业支持又有内部同行相互帮扶

① 宋萑：《校本教师发展与教师专业学习共同体的建构》，《集美大学学报》2007 年第 1 期。

② 陈向明、张玉荣：《教师专业发展和学习为何要走向“校本”》，《清华大学教育研究》2014 年第 1 期。

的校本学习”[①]。

同时，有效的教师专业发展具有情境、内容和过程三大特征[②]。教师的大部分时间在学校，其学习需求的产生和满足都来源于真实的学校情境，因此教师专业发展的起点和终点都指向了学校。同时，学校情境又具有多变性，使得教师的教学具有不可预测性[③]，这就需要教师能够基于教学现场进行学习反思，随之将学习效果反映在教学现场，由此形成教师循环往复基于课堂教学改进的学习闭环。

那么，构建基于教师专业发展内在特性的校本教师专业发展中心，则旨在为教师提供“立足学校和课堂，以教师为发展主体，通过学习反观实践，通过反思改进实践，通过合作建构知识”[④] 的专业发展活动。

（二）满足教师专业发展的自组织诉求

自组织理论（self - organization theory）以复杂性系统为研究对象，由诺贝尔奖获得者普里高津等人创立。有学者指出，自组织包含两层意蕴：一是与孤立、分离、瓦解相对应，强调联结、组合、协同等组织形式和力量；二是与他组织相对应，重视在组织过程中的自发性和自觉性。[⑤] 概言之，自组织与他组织相对应，如果一个系统靠外部指令而形成组织，就是他组织；反之，不存在外部指令，按照相互默契的某种规则，各尽其责而又协调地自动形成有序结构，就是自组织。[⑥]

反观我国教师的专业发展实践，还或多或少存在“他组织”特征，比

① 陈向明、张玉荣：《教师专业发展和学习为何要走向“校本”》，《清华大学教育研究》2014年第1期。

② 周坤亮：《何为有效的教师专业发展——基于十四份“有效的教师专业发展的特征列表”的分析》，《教师教育研究》2014年第1期。

③ 陈向明、张玉荣：《教师专业发展和学习为何要走向“校本”》，《清华大学教育研究》2014年第1期。

④ 宋萑：《校本教师发展与教师专业学习共同体的建构》，《集美大学学报》2007年第1期。

⑤ 吴彤：《自组织方法论研究》，清华大学出版社，2001。

⑥ 王淑莲、金建生：《教师协同学习共同体：教师专业发展新范式》，《中国高教研究》2017年第1期。

如教师发展意愿、发展定位、发展手段等[①]缺乏教师自主性、内生性问题。因此，构建校本教师专业发展中心，其最终目标是实现教师专业自主发展，这就需要在学校层面满足教师专业发展的自组织诉求，即摆脱教师专业发展由外部主导和对外部的依赖现状，唤醒教师内在的教育潜能[②]，构建以自我认同、自我控制、自我适应和自我发展为基本特征的学习共同体。[③]

研究者强调“共同体”是“通过某种积极的关系而形成的群体，是统一地对内对外发挥作用的一种结合关系，是现实的和有机的生命组合”[④]。建设校本教师专业发展中心就是要构建“基于信念、态度和行为等认同与一致的”[⑤] 教师学习共同体。即在学校教师专业发展中心这一组织架构内，教师共同体成员在一定的组织契约下，秉持共同发展目标，自主发挥专业智慧，共同行动，逐步走向自主发展。

由此，我们认为，构建满足教师专业发展自组织诉求的校本教师发展中心，一方面保障了组织内部成员个性化的伸展，确保他们是有着自我独立意识的成员；另一方面经由自我选择的过程使得组织内部成员更为积极，更容易形成专业学习的凝聚力和向上力。

（三）破解当前教师专业发展的现实困境

当前，我国教师专业发展的实践领域，主要以“国家、省市、区县、学校”四级培训体系为依托，但是“国家、省市、区县”大量开展的短期集中培训，其实际效果备受争议。

一是教师培训缺乏实效性和针对性。在各类培训中，不同区域、不同层次的教师被安排在同一个培训班级，接受相同的培训内容，虽然培训机构会尽量做到满足大部分教师的学习需求，但参训教师本身的不同质性，就决定

① 阳泽、杨润勇：《自组织：教师专业发展的重要机制》，《教育研究》2013 年第 10 期。
② 阳泽、杨润勇：《自组织：教师专业发展的重要机制》，《教育研究》2013 年第 10 期。
③ 袁维新：《教师学习共同体的自组织特征与形成机制》，《教育科学》2010 年第 5 期。
④ 金建生：《当前中外教师培训的三维比较》，《中小学教师培训》2013 年第 1 期。
⑤ 李霞：《信念、态度、行为：教师文化建构的三个维度》，《教师教育研究》2012 年第 5 期。

了培训的针对性和实效性不高；另外，“理论学习、观摩考察、实践应用”还存在三者各自分离，无法融为一体的问题，参训教师对其理论学习成果如何融合到实践教学中显得无所适从。[①]

二是校本教研、培训等学校层面开展的教师专业学习活动还存在重复、低效、缺乏“人”的主动性等问题。当前，学校教师专业学习活动通常以年级组、学科组、备课组、教研室等组织结构形式来开展，其中，教研室是教师专业学习活动的主要形式。在现实情况中，这样的组织架构还存在诸多问题，要么是各部门各自为政，缺乏整合，增加了教师学习负担；要么以校本培训为主要载体来完成各种任务，缺少了推动教师专业发展的专业化机构来负责作为主体的“人”的教师的专业发展事务，而有关活动在具体实施过程中也被形象地描述为“萝卜炖萝卜”的封闭性、同质化的过程，因此教师对于开展校本培训的专业信心也不充足。在开展“启师·沃土计划”区县教师教育新体系建设项目的过程中，我们通过对项目区县的校本教师教育者的访谈，也发现了这些问题。他们认为一方面自己“有自我发展的意识，有热情，也愿意学，但对自身信心不足”[②]；另一方面，作为学校骨干教师，“愿意成为学校教师专业成长的引领者，但自身教学、管理任务重，很难有更多时间和精力”[③]。

因此，在学校层面构建校本教师发展中心，旨在构建“以人为本”的教师发展机制，以教师为主体，以教学实践为基石，促进教师对话、交流、反思，从而在学校层面营造催人奋进的“文化场”[④]，形成教师专业发展的良好氛围。

二　校本教师专业发展中心的内涵及特征

基于以上讨论，我们认为构建校本教师专业发展中心这样一个服务于教

① 朱益明：《教师培训的教育学研究》，华东师范大学硕士学位论文，2004。

② “启师·沃土计划”区县教师教育新体系建设项目调研材料。

③ “启师·沃土计划”区县教师教育新体系建设项目调研材料。

④ 曹海永：《观课“变脸”：教师成长视野下的校本研修》，《教学与管理》2014年第23期。

师发展的专业机构非常必要且必需。那么，校本教师专业发展中心的具体内涵是什么，作为区县教师专业发展支持体系的一部分，它又具有哪些典型特征？

（一）校本教师专业发展中心的内涵

校本教师专业发展中心，是由有一定办学规模的中小学校（含幼儿园），在整合学校教研、科研、培训等原有组织架构的基础上设立的。它既是学校的一个教师专业发展机构，又是区县教师专业发展支持体系的组成部分，负责学校每一位教师的专业发展工作。通过开展不同形式、不同内容的教师发展项目，促进教师基于“实践—学习—改进”的自主学习、反思和行动改进，为实现教师专业自主发展和终身学习提供基础保障。

校本教师专业发展中心是在区县教师教育新体系框架内，在由高等学校、区县教师发展中心、区县中小学教师专业发展学校、名师工作室（坊）等作为教师专业发展的外部力量的支持下，在学校层面搭建教师专业学习共同体，并将其作为学校教师专业发展的组织依托，为教师争取更多的教师专业发展自主权，开展自组织专业学习活动，提供教师专业发展自组织学习保障。

（二）校本教师专业发展中心的特征

既然构建校本教师专业发展中心与教师专业发展密切相关，那么校本教师专业发展中心与原有的学校教师发展机构相比，有着以下三个典型特征。

第一，一切为了教师的发展。校本教师专业发展中心旨在尊重教师专业成长中的个性化学习需求，把教师专业发展的主动权交由教师个体，充分激发教师个体专业成长的内生潜能，为教师量身定制最符合实际且最有实效的教师专业发展活动。因此，在实际运行中，校本教师专业发展中心要负责对本校教师的发展情况进行现状分析，了解每一位教师对自身专业发展的设想、所遇到的困惑以及所需要的支持，从而确立不同发展水平教师的专业发展目标（包括阶段目标）与发展路径。在此基础上，制定与学校每一位教师专业发展相适应的规划方案，设计实施针对不同发展水平的教师教育项目，并对开展的项目进行总结和评价。通过开展不同的教师教育项目，发现和解决学校实践中存在的问题，并试图在真实的情景中提升教师专业能力。

第二，秉持共同愿景和目标。校本教师专业发展中心是在“服务于每一位教师发展”的愿景下构建的，其核心目标是通过教师发展项目的开展，促进教师养成持续学习、自主学习的习惯，不断完善自身素质，成为终身学习者和学习型社会的促进者。在设计、实施教师教育项目时，要做到持续性和连贯性的统一。“持续性”不仅仅指教师专业发展项目开展持续，还包括教师积极参与和交流，并将所学付诸实践持续①；同时，每次教师专业发展项目的设计和实施都要依据教师已有的专业发展水平和经验，以使不同专业发展活动的目标具有连贯性和一致性。当然，还应使教师看到一个学校甚至国家教育教学“大的图景”，以促使其感觉到自身的专业学习经历很有价值，进而促使其改进教学实践。

第三，根植于实践，回归至实践。教师专业发展的动力来源于教师的日常教学实践，与教师的日常工作紧密相连，教师专业发展的方向直接指向教师的教学实践改进。教师作为实践场域的局中人，既是行动者，也是组织者；所有教师发展活动都遵循实践逻辑，以期达成教学目标，改进教学现状，最终使教师获得“融合个人情感、意志、需求、体悟的个人实践知识”② 与自主发展。因而，校本教师专业发展中心的运行是基于实践导向的，遵循“在实践中发现问题——通过行动研究和学习分析问题并提出问题解决方案——在教学实践中解决问题”的逻辑思路，从实践中来，到实践中去，做到在实践中学习，在学习中改进，在改进中提升实践智慧。③

---

① 周坤亮：《何为有效的教师专业发展——基于十四份“有效的教师专业发展的特征列表”的分析》，《教师教育研究》2014年第1期。

② 阳泽、杨润勇：《自组织：教师专业发展的重要机制》，《教育研究》2013年第10期。

③ 宋萑：《校本教师发展与教师专业学习共同体的建构》，《集美大学学报》2007年第1期。

三　构建校本教师专业发展中心的策略建议

构建校本教师专业发展中心这样一个为教师专业发展服务的机构，其前提是“减负增效”，即在原有架构组织上进行优化和整合，提升工作实效；同时，保证这样一个机构有序运行，还需有计划、有梯队地培养一支本土校本教师教育者队伍，并配套一系列有关教师专业发展项目的评价指标体系、经费预算制度和管理制度等。

（一）机构组建：注重整合与优化

当前，已经有学校开始尝试成立校本教师专业发展中心，如北京市第四中学成立了教师专业发展中心，北京史家教育集团成立了“史家学院”，虽然名称是学院，但实质上是负责北京史家教育集团的教师专业发展工作。这些学校的实践或多或少地为我们提供了校本教师专业发展中心建设的方向。但更为重要的是，校本教师专业发展中心是根据学校自身需要和教师发展需求而设立的，其机构组建的前提是不在原有其他教师专业发展机构之外单独设立，而是对原有机构的优化和整合。比如，在校本教师专业发展中心这一组织机构下，分别设立教师发展部、教学咨询部、资源保障部等部门，统整原有的教研室、年级组等，调动学校专业力量和资源，为教师专业发展服务。在项目实施过程中，四川凉山州会理县鹿厂片区中心小学在其校本教师专业发展中心组建上，结合学校当前实际，整合学校教导处、教科室以及教研组力量，以功能整合为先期目标，形成教师专业发展服务合力，开展教师专业发展活动。云南保山市隆阳区一中则结合学校实际，在学校校本教师专业发展中心下设青年教师专业发展中心（整合学校已有的黉学耕耘班和思齐耕耘班，以教师研习营、教学沙龙、教学咨询等多种形式开展教师发展活动，促进青年教师间的教学交流与经验分享）、校内名师工作室（借助本校名师的引领作用，开展教师教学咨询、诊断、分析与研讨，创建良好的教科研生态环境）、学术委员会（整合学校专业力量，形成四级常态调研制度，深入课堂，为教师发展提供指导)，并计划用三年时间构建并形成一个特色鲜明、充满活力、资源共享、可持续发展的校本教师专业发展中心。

（二）队伍建设：着力培育本土教师教育者队伍

校本教师专业发展中心的有效运作除了要有强有力的组织保障外，还需一支有意愿、有能力且有保障的本校教师教育者队伍。这支队伍不仅包括负责校本教师专业发展中心的统筹、规划、协调等整体工作的校本教师专业发展中心主任（也可由主管教学的副校长兼任)，还包括具体负责教师发展项目设计、实施、评价以及校本教师发展资源开发等的一批学校骨干教师。这支队伍不仅需要具备良好的教育教学能力，还应熟练掌握关于教师发展的需求诊断、方案设计、活动开展、总结评价等方面的培训能力。这都需要纳入学校整体规划中进行考量，做到有计划、有梯队、有意识地培养本校教师教育者队伍，做到教师个人发展目标与学校发展目标的统一。

在“启师·沃土计划”区县教师教育新体系建设项目中，北京师范大学以“区县教师教育能力提升”为主线，通过阶段性项目的实施，培植区县本土的教师教育能力，打造本土区县教师教育者队伍。如在凉山州的项目实施过程中，北京师范大学先后对凉山州五类教师教育机构人员进行了分层分类培训，包括区县教育行政人员、教师进修学校校长与培训者、教师专业发展学校相关人员、校本教师专业发展中心相关人员、名师工作室主持人等。项目依据参与式培训的理论，循着“认知层面—操作层面—能力层面”的学习路径层层推进，采用“任务驱动式”培训模式，通过有针对性的顶层设计、多元结构学习共同体组建、任务情境导引、全员参与互动等方式，开展了一系列研修活动，旨在提升区县教师教育者发展项目设计、实施与评价能力，为区县培育专业化教师教育者队伍。

（三）制度建设：合理配套与不断完善

一个机构的有效运行，还需配套一系列与教师专业发展相关的项目评价制度、经费预算制度以及集学习、评优、评价等于一体的教师管理制度作为保障。

首先，实行经费预算制度。教师发展项目的实施需要经费保障，学校应积极争取各方支持，做好年度项目预算与决算，合理、规范地使用项目资金，做到“每一分钱都用到刀刃上”，同时学校还应制定出台教师发展项目经费管理办法，对承担相应活动的教师、管理人员提供一定的经费支持，确保教师发展项目顺利运行。

其次，出台教师发展项目设计、实施与评价制度。在项目实施前，组织相关专家、教师进行顶层设计，征求教师意见，确保项目符合教师发展需求；在项目实施过程中，做好过程监督，也可以设置项目负责人制度，选拔优秀的校级教师教育者负责一个项目的运行，轮流负责，角色互换；在教师发展项目实施后，基于项目实施目标定位和实施效果对其进行评价，这就需要建立一套科学有效的教师发展项目评价指标体系，对不同项目进行分类考核评定，通过过程性评定与结果评定相结合的方式，提高校本教师发展项目的可操作性。

最后，完善教师管理制度。校本教师发展专业中心应对学校教师学习课时认定、结果认定、评优评聘等方面制定相应的管理制度，做到既能有效地调动学校教师学习的积极性和主动性，还能以学促评、以评促改，提升教师专业学习效果。

结　语

钟启泉指出，国际教师教育领域倡导教师学习三大定律，即越是扎根教师的内在需求越是有效，越是扎根教师的鲜活经验越是有效，越是扎根教师的实践反思越是有效。[①] 不难看出，这“三个有效”都与学校密不可分。作为学校服务每一位教师的专业机构，校本教师专业发展中心是教师专业发展的基础性保障，也是区县教师专业发展体系的底部保障。要想实现“教师

① 钟启泉：《教师研修的挑战》，《光明日报》2013 年 5 月 22 日，第 16 版。

终身学习和专业自主发展”，校本教师专业发展中心将起到兜底托举的作用。我们希望，国家和省市在制定和规划教师培训项目时，能够考虑设计体现校本教师专业发展中心建设指导能力的项目和促进校本教师专业发展中心建设能力提升的项目。因为，只有学校自身的教师教育能力得到提升，才能促进教师素质的提高。

《中国教育发展与减贫研究》2019 年第 2 辑
第 73～82 页

新时代区县教师发展中心构建的内涵与路径

付　钰*

【摘　　要】区县教师发展中心在新时代承载着提升教师队伍质量、实现教育现代化的新使命，应成为统筹领导本地区各级各类教育机构教师专业发展的专业办学实体。其在教育现代化过程中承担着统筹协调、专业引领、政策咨询、信息化建设等职能。未来在构建新时代区县教师发展中心的过程中应通过建立现代化区县教师队伍治理体系、打造复合型教师教育者队伍和开展协作式教师培训项目三种方式来增强其对教师专业发展支持的科学性与实效性。

【关 键 词】区县教师发展中心　教育现代化　协同治理

一　问题的提出

区县教师发展中心在区县层级的教师教育体系中发挥着龙头作用①，是

* 付钰，教育部普通高校人文社会科学重点研究基地北京师范大学教师教育研究中心博士后，主要研究方向为教师教育与教育扶贫。

① 朱旭东：《“国培计划”的价值重估——以构建区县教师教育新体系为目标》，《云南师范大学学报》（哲学社会科学版）2019 年第 3 期。

促进我国教师队伍尤其是贫困地区教师队伍质量提升的关键部门。区县教师发展中心是由区县内原教研室、教师进修学校、电教站等教师专业发展相关机构整合而成的新型区县教师专业发展引领机构。其在教师进修学校原有的教师职后培训基本职能的基础上增加了科研引领、政策咨询等新职能，承载着中国特色社会主义进入新时代后提升教师队伍整体质量，发展公平而有质量教育的新使命。当前我国北京、广东、江苏、河北等多个省份已经从省级层面出台了《推进县级教师发展中心建设的意见》，但现实中我国区县教师发展中心建设不平衡不充分的现象依然广泛存在，很多地区尤其是深度贫困地区区县教师发展中心还处于名存实亡的瘫痪状态，难以满足中共中央、国务院在《中国教育现代化2035》中提出的“夯实教师专业发展体系，推动教师终身学习和专业自主发展”的要求。那么构建区县教师发展中心有何动因？区县教师发展中心的内涵定位是什么？未来区县教师发展中心的建设路径为何？对于这些问题的解答有利于打破区县教师发展中心建设的桎梏，推动区县教师发展中心成为打赢2020教育脱贫攻坚战，进而实现教育现代化2035目标的有力抓手。

二 区县教师发展中心的建设动因

区别于传统以区县教师进修学校为主体的区县教师专业发展体系，新时代构建区县教师发展中心有着顺应时代召唤与解决现实困境两方面的建设动因。

（一）新时代教育现代化对区县教师教育提出了新要求

党的十八大以后，中国进入了特色社会主义新时代，党和国家对教师队伍建设现代化方面也提出了诸多要求。2018年中共中央、国务院发布的《关于全面深化新时代教师队伍建设的改革意见》明确指出要“建立健全地方教师发展机构和专业培训者队伍，依托现有资源，结合各地实际，逐步推进县级教师发展机构建设与改革，实现培训、教研、电教、科研部门有机整合”。其后教育部等五部门联合印发的《教师教育振兴行动计划(2018～2022年)》也明确要求“加强县区乡村教师专业发展支持服务体系建设，强化县级教师发展机构在培训乡村教师方面的作用”。2019年中央一号文件在对脱贫攻坚进行部署时突出强调要“着力解决突出问题”[①]。而在贫困地区开展教育扶贫过程中解决区县教师发展体系的不健全问题成为当前政策的突出着眼点与着力点。区县教师发展中心是推动一线教师全员培训的直接组织管理机构，对于区县教师专业发展体系而言起着统领性作用。对区县教师发展中心进行整合与强化，不仅是有效落实党中央教师队伍建设意见的政治要求，也是促进新时代教师培训尤其是乡村教师培训体系化、常态化的新使命。

（二）现有区县教师教育体系束缚着区县教师培训的有效性

现有的区县教师教育体系大多以区县教师进修学校、教研室为主体，以区县师训办为主要管理单位。而区县教师进修学校、教研室的教师大多从在中小学工作多年的教师中调入，有些是中小学临近退休的管理者。这样的一支教师教育者队伍普遍存在年龄老化、知识陈旧、能力不足等问题[②]。传统评课式教研、开会式培训往往流于形式，教研只关注教材教法等具体教学事件而缺乏对教师成长的有效关注，培训内容不能满足一线教师实际需求，教师在经历过培训之后也难以将培训内容真正转化到自己的课堂之中，培训有效性常常难以令人满意[③]。甚至有时候教师进修学校和教研室之间由于缺乏沟通，会同时开展一些内容相似的重复性培训，令一线教师疲于应付，苦不堪言。一些学校想组织教师外出学习先进经验，但高额的差旅费和培训费令本就捉襟见肘的贫苦地区学校不堪重负。因此，如何将区县教师专业发展机

① 中央农村工作领导小组办公室：《农业农村部关于做好2019年农业农村工作的实施意见》，(2019年2月22日)，http://www.moa.gov.cn/ztzl/jj2019zyyhwj/zxgz/201902/t20190222_6172581.htm。

② 朱旭东：《论我国农村教师培训系统的重建》，《教师教育研究》2011年第6期。

③ 胡艳：《影响我国当前中小学教师培训质量的因素分析》，《教师教育研究》2004年第6期。

构进行有机整合，以减少重复性培训，增强教师培训的有效性，让教师不用外出，在身边就能获得专业指导是全国各地尤其是贫困地区区县教师教育亟待解决的现实问题。

三 区县教师发展中心的内涵与职能

明确区县教师发展中心的内涵是准确把握区县教师发展中心定位，破解区县教师队伍建设工作中教师教育者队伍培训模式单一、培训效果不强、培训耗资过大等现实问题，有效打造高素质专业化区县教师教育者队伍的先决条件。那么区县教师发展中心的内涵应如何准确界定？其在新时代有哪些基本职能？

（一）区县教师发展中心的内涵

新时代区县教师发展中心是由县级党委、人民政府统一领导，县级教育行政部门主管，以统筹领导本地区中小幼各类教育机构教师专业发展为主要任务，以实现小实体、多功能、大服务、高效率、教科研训一体化为定位，统筹协调本地区教师专业发展学校、校本教师专业发展中心、名师工作室等教师教育机构共同发展的专业机构，是具有独立法人资格的办学实体。

区县教师发展中心由县级党委、人民政府统一领导，县级教育行政部门主管，是因为其服务的对象是本区县的教师队伍，服务的目标是保证教师队伍建设正确的政治方向，提升区县教师队伍质量，发展公平而有质量的教育。其直接受益者是地方人民群众，因此县级党委和人民政府应该是区县教师发展中心建设的第一责任人。另外，区县教师发展中心建设的过程中涉及区县内原有教研室、教师进修学校、电教站等机构的整合，单一教育行政部门难以有效解决硬件建设、财政资金划拨、人员编制调配等方面的问题，这就需要县级党委、人民政府进行宏观设计与规划，推动当地构建人权事权财权相统一的区县教师发展中心，并为其有效开展工作提供行政支持与制度保障。

由区县教师发展中心来统筹领导本地区中小幼各类教育机构教师专业发

展，是由于原有的由教育局师训办来管理本地教师专业发展的模式往往存在行政化过强而专业性不足的问题，因为师训办作为一个行政机构，由于科层制的行政管理特点常常扮演着上级教师培训政策的执行者而非基于本地教师实际发展需求的培训设计者与实施者的角色。这就迫切要求由专业的教师发展中心来进行培训需求调研、培训项目设计、培训项目实施与培训项目评估，以专业的教师教育机构来引领本地教师专业发展。

赋予区县教师发展中心小实体、多功能、大服务、高效率、教科研训一体化的定位，是由于虽然区县教师发展中心为多机构整合而成，但在新时代政府机构精简的大背景下，不应过于推崇机构的完备、队伍的壮大，而应用现代化的思维引领现代化的区县教师发展中心建设。基于统筹领导与协调当地各机构教师专业发展的基本职能，区县教师发展中心并不需要规模宏大的办公大楼，而是可以小实体来进行统筹谋划。新时代的区县教师发展中心在原有的教师培训单一功能的基础上新增了教研、科研、管理、服务等多种功能，其服务领域也不再是单纯的教师学历提升与职后培训，而是对本地区教师专业发展进行生涯性规划与全过程引领。在培训方式方面，区县教师发展中心也将摒弃单一低效率的讲座式培训，更加强调让教师参与其中的体验式培训、协作式培训，提升培训效率与培训成果转化率。

将区县教师发展中心建设成统筹协调本地区教师专业发展学校、校本教师专业发展中心、名师工作室等教师教育机构共同发展的专业机构，是因为单一的区县教师发展中心由于人员、场地等限制，无法真正服务到区县内每一位教师，难以达到“不让一位教师掉队”的目标，需要有效依托当地的优质中小学建成教师专业发展学校，依托成规模的学校建立校本教师专业发展中心，依托各学段各学科建立有引领带动作用的名师工作室共同来推动当地教师专业发展。在建设的过程中，区县教师发展中心应成为具有独立法人资格的办学实体，而非临时性或委员会式的非实体机构。这样的一个教师专业发展机构需要有一批专业的教师教育者，对本地区教师基本情况与培训需求进行精准调研，对教师培训项目进行有效设计，而必要的办学实体机构则是其得以高质量开展工作的必备基础。

（二）区县教师发展中心的基本职能

新时代区县教师发展中心主要承担着统筹协调、专业引领、政策咨询、信息化建设等基本职能，为满足区县教师队伍建设的现实需求和解决地方基础教育质量提升所面临的挑战提供精准服务。

1. 统筹协调

区县教师发展中心需要统筹协调本地各级各类教师专业发展机构，在对本地区教师专业发展精准调研的基础上，明确教师专业发展路径以及各级各类教育机构中教师工作的理想状态和实际状态之间的差距①，精准定位教师培训需求，科学设计本地区年度教师专业发展项目，明确各教师专业发展机构定位与职能，协调各机构组织实施、科学评价本地区教师专业发展项目，形成合力协同推进区县教师专业发展取得实效。

2. 专业引领

专业引领是区县教师发展中心区别于传统教育局师训办的显著特征。区县教师发展中心需要将原教师进修学校的培训员与教研室的教研员在教师教育专家的专业引领下打造成兼具学习专业、教授专业和学科专业的全专业属性②，教科研训理论与技能一体化的教师教育者。基于教师专业化的科学逻辑引领本地区教师开展接受习得性学习、研究发现性学习与交流分享性学习三种教师学习范式③，使得本地区新手教师向专家型教师发展、教学型教师向研究型教师发展、课程资源使用者向课程资源开发者发展，最终成为在教师专业发展体系中终身学习和专业自主发展的教育家型教师。

3. 政策咨询

区县教师发展中心作为一个专业组织应成为本地区教育发展的专业“智库”，为政府出台教育政策提供政策咨询服务。在党的十九届一中全会

① 宋萑、朱旭东：《论教师培训的需求评价要素：模型建构》，《教师教育研究》2017 年第 1 期。

② 朱旭东：《论教师的全专业属性》，《教育发展研究》2017 年第 10 期。

③ 张民选：《认识教师发展需要　建构终身教育体系》，《教育发展研究》2004 年第 12 期。

上习近平总书记提出“要在全党大兴调查研究之风”，政府出台教育政策也应在大量调查研究的基础上审慎思考。由于地方政府行政事务繁忙，难以针对地方教师队伍现状进行长时间的调研和思考，区县教师发展中心应基于大量实证研究数据和对于国家宏观教育政策的解读，将事实把握、问题剖析和原因分析三者结合起来提出政策方案①，为地方政府出台的教育政策能够应对真需求、面对真问题、落地见实效提供智力支持与数据支撑。

4. 信息化建设

新时代区县教师发展中心建设必然少不了信息化的建设。《中国教育现代化2035》提出“加快信息化时代教育变革”“建设智能化校园，统筹建设一体化智能化教学、管理与服务平台”“加快形成现代化的教育管理与监测体系，推进管理精准化和决策科学化”。这就要求区县教师发展中心搭建区县教师专业发展数据库，充分利用好全国教师管理系统、基础教育质量监测系统、教师继续教育系统等专业化信息网络平台，一方面为本地教师专业发展提供线上线下混合式支持系统，另一方面也要对网络平台上的数据做好精细化收集与科学分析，为地方教育管理决策提供必要数据支撑。

四　区县教师发展中心建设的基本路径

新时代区县教师发展中心的建设不同于以往行政性教师管理机构和事务性教研机构的建设，需要以教师个体的专业发展为出发点和落脚点，可通过建立现代化区县教师队伍治理体系、打造复合型教师教育者队伍和开展协作式教师培训项目三种方式来增强其对教师专业发展支持的科学性与实效性。

（一）政府牵头协同治理，形成现代化区县教师队伍治理体系

教师队伍治理体系是以提高教师队伍质量为目的，以多元主体民主参与

① 庞丽娟：《我国新型教育智库若干重要问题的思考》，《教育研究》2015年第4期。

协商、合作为方式，规范教师队伍基本构成与日常行为的一系列制度体系。① 政府、教师进修学校、教研室、名师工作室、中小学幼儿园等教育机构需要协同共建，共同打造一个以区县教师发展中心为龙头的区县教师队伍治理体系。由于当前我国教师教育机构和教师个体等利益相关主体的自主合作、民主管理能力较弱，在区县教师队伍治理体系建设的过程中过于强调分权合作会导致多元主体间责任不清，而多元主体的多元化价值诉求也容易使政策协商决策过程陷入无休止的博弈进程之中，削弱多元主体治理效能。② 因此，地方政府应作为牵头单位，从源头做好顶层设计与整体规划，主导区县教师发展中心的机构整合与现代化区县教师队伍治理体系建设，妥善处理建设进程中所遇到的资金、编制、制度等宏观问题。例如在北京师范大学教师教育研究中心所组织的区县教师教育新体系建设项目的推动下，云南省腾冲市（县级市）教育教师发展中心就由市政府牵头整合市教研室、教师进修学校、电教站等部门，于 2019 年 5 月 18 日在原腾冲市教师进修学校正式挂牌成立③，在西部贫困地区形成现代化区县教师队伍治理体系进程中走在了前列。

政府牵头协同治理并不是意味着政府可以单纯依靠行政命令来强行推动机构人员调配与教师专业发展项目设计，因为这在很大程度上会导致政府由于盲目自信缺乏专业性而落入“能力陷阱”④，阻碍现代化区县教师队伍治理体系的建设。政府主导、多元主体民主化参与的现代化区县教师队伍治理体系要求教师发展中心、教师专业发展学校、校本教师专业发展中心、名师工作室等多元主体各司其职，合作善治。政府作为行政力量进行外围资金与制度保障建设，教师发展中心则作为专业力量引领其他区县教师专业发展机

① 付钰：《从“教师队伍管理”转向“教师队伍治理”——建构教师队伍治理体系和治理能力现代化》，《教学管理与教育研究》2018 年第 5 期。

② 褚宏启、贾继娥：《教育治理中的多元主体及其作用互补》，《教育发展研究》2014 年第 19 期。

③《热烈庆祝腾冲市教育教师发展中心成立》，2019 年 5 月 19 日，https：//mp. weixin. qq. com/s/_ RyQWNz6MHF89Snc0Y6Gdg。

④ 陈良雨：《教育治理现代化视阈下政府能力陷阱研究》，《教育发展研究》2015 年第 12 期。

构进行专业化的项目设计、实施与评价工作，切实服务好区县一线教师队伍建设所面临的实际问题。

（二）以能力建设为重心，打造复合型教师教育者队伍

区县教师发展中心的重点不单单在于机构整合，还在于教师教育者能力建设。当前区县教师发展中心教师教育者能力建设主要面临数量不足与能力不强两方面的问题。首先，区县教师发展中心在机构整合的基础上汇集了区县内最优秀的教师培训者与教研员，但在现实中这批教师教育者面临着无法覆盖中小幼各学段各学科的专业研训工作和人员老化严重两方面的问题，致使区县教师发展中心无法形成团队合力，这就需要区县教师发展中心在现有的基础上继续发掘一批富有教育情怀和较高教育教学能力的一线教师加入区县教师教育者的队伍。政府应从宏观层面给予资金、编制等方面的支持，为区县教师发展中心注入新鲜血液，激活团队动力。

其次，针对区县教师发展中心教师教育者能力不强的问题，区县教师发展中心需要主动与教师教育科研与培训能力较强的部属师范院校或地方师范院校开展深入合作，通过较长时间的针对性培训将区县教师教育者骨干力量培养成科研能力引领，指导能力必备，兼具教师专业发展项目调研、设计、实施、评价能力于一身的复合型教师教育者队伍。例如北京师范大学教师教育研究中心就从 2018 年开始针对云南保山市、四川凉山州的区县教师发展中心的教师教育者开展了教师教育能力提升项目，借助企业基金会的资金支持有效增强了教师教育者的教师专业发展项目设计、实施与评价能力，助力其成为地方教师专业发展的领军人才。

（三）开展协作式教师培训项目，使教师学习真正发生

教师培训是地方教师职后专业发展的主要外在支持形式，但现有的地方教师进修学校等教师专业发展机构所设计的教师培训项目依然大多秉持工具理性思维，培训方式以外在灌输式的讲座式培训为主，培训内容以培训设计者所预想的教师需具备的教育理念与教育技能为主，培训所在的报告厅严重

脱离教师日常教学真实情境。参训教师由于在教师培训项目中大多扮演聆听者、外在参与者的角色，未能成为中心学习者。[①] 培训项目严重忽略了教师作为主体的内在根本需要，从而造成教师参训缺乏动力，教师学习没有真正发生，教师培训实际效果与培训项目设计初衷相差较大。

教师作为成人学习者，其在学习过程中的参与性、情境性直接决定了教师学习的最终效果。新时代区县教师发展中心应牢牢把握参训教师学习者的中心定位，开展协作式教师培训项目，让参训教师在教师教育者的带领下全程参与各种教学设计及教学方法实施、教学评价，而教师教育者则在其中进行适时的点拨与指导，让参训教师做中学、学中思、思中改、改中变，由教师教育者与参训教师共同协作来完成一个个培训项目，增强培训的适切性与可操作性，基于本土情境与本土知识开展一线教师学得会、用得上、效果好的本土性教师培训项目，促进地方教师专业成长。

五　结语

区县教师发展中心在区县教师教育体系中居于龙头地位，统领着新时代区县各级各类教师教育机构，推动它们形成合力共同促进当地教师专业发展，可为地方教育事业打造一支高素质专业化创新型的教师队伍，为人民群众提供公平而有质量的教育。我国西部地区实现教育精准扶贫就需要现代化的区县教师发展中心来打造现代化的教师队伍，而现代化的区县教师发展中心的构建则有赖于专业的区县教师教育者努力探索前行，共同实现国家脱贫攻坚的伟大目标。

① 朱忠明、常宝宁：《学习者中心：中小学教师培训的转型发展》，《中国教育学刊》2018年第4期。

《中国教育发展与减贫研究》2019年第2辑
第83～95页

利用名师工作室促进区县教师队伍建设的优势和策略*

张 军**

【摘 要】 建成高素质的教师队伍，既是《中国教育现代化2035》提出的战略目标，也是教育现代化整体目标实现的基本保障。现行的教师教育体系建设中，区县教师教育体系是最关键的一环，也是最薄弱的一环。在北京师范大学教师教育研究中心承担的国家教育扶贫项目“三区三州区县教师教育新体系建设”中，我们发现区县教师教育体系发展的重要制约因素为：教师教育资源匮乏，外出培训成本高且存在工学矛盾，教师教育中缺少本土化的教育理论与实践。加强区县中小学名师工作室建设，可以弥补区县教师队伍的缺陷，实现教师教育资源的优化，提高教师教育经济和时间效益，创新教师教育的本土化经验，从而提高区县教师教育的内生力。为了促进这一系列功能的实现，在名师工作室建设中，应该从以下方面入手：明确项目宗旨，实现教师个性化发展；注重知识共享，促进工作室成员全面成长；加强成果萃取，引领区域内教师队伍建设。

【关 键 词】 区县教师教育　名师工作室　教育现代化　知识共享

---

* 本文得到北京师范大学教师教育研究中心“三区三州区县教师教育新体系建设”项目资助。

** 张军，北京师范大学教师教育研究中心博士研究生，重庆市南开中学高级教师，主要研究方向为农村教师教育。

百年大计，教育为本，教育大计，教师为本[①]，“建设高素质的专业化新型教师队伍”已经作为重要的战略目标被写入《中国教育现代化2035》[②]。教育现代化包括实现整体教育水平的提升、实现教育的均衡化发展等，而这一切目标的实现，都要依赖于高素质的教师队伍。在我国目前的教师教育体系中，区县的教师教育体系是最关键的环节。除了少数教育相对发达的区县以外，大部分的区县教师教育体系仍比较薄弱，由此导致我国相当一部分地区教师队伍质量不高。面对区县教师教育体系比较薄弱的现状，朱旭东教授提出，为了保障教师教育的“底部”质量，应努力构建区县教师教育体系。在对区县教师教育体系建设的具体方案和机构进行详细阐述的基础上，他将区县名师工作室的建设作为区县教师教育体系建设的重要组成部分[③]。西部贫困地区，比如“三区三州”地区，教育水平与发达地区还存在很大的差距，其主要原因就是区县的教师教育能力比较落后，为此朱旭东教授带领北京师范大学教师教育研究中心开展了“三区三州区县教师教育新体系建设”项目，旨在研究如何建构区县自己的教师教育体系，发展教师教育能力，其中也将名师工作室作为教师教育新体系的组成部分。

名师工作室是由地方教育行政部门组织和管理，用名、特、优秀教师姓名或专业特色命名，集教学、科研和培训等职能于一体，由教师、班主任及校长等教育工作者志愿参加的合作共同体[④]。教育部在2010年颁布的《国家中长期教育改革与发展规划纲要（2010～2020）》中明确提出“严格教师

① 《中共中央国务院关于全面深化新时代教师队伍建设改革的意见》。

② 中共中央国务院于2019年2月印发的《中国教育现代化2035》，部署了面向教育现代化的十大战略任务，其中第四项为实现基本公共教育服务均等化；第七项为“建设高素质的专业化新型教师队伍”，即要培养高素质教师队伍，健全以师范院校为主体、高水平非师范院校参与、优质中小学（幼儿园）为实践基地的开放、协同、联动的中国特色教师教育体系。强化职前教师培养和职后教师发展的有机衔接。夯实教师专业发展体系，推动教师终身学习和专业自主发展。

③ 朱旭东：《“教师教育振兴行动计划”落地需有效策略》，《人民教育》2018年第8期。

④ 韩爽、于伟：《我国名师工作室研究的回顾与省思》，《东北师大学报》（哲学社会科学版）2014年第5期。

资质，提升教师素质，努力造就一支师德高尚、业务精湛、结构合理、充满活力的高素质专业化教师队伍”，主张“通过研修培训、学术交流等方式造就一批教学名师和学科领军人才”。为了促进教师专业能力的发展，特别是培养一批能够起到引领作用的高素质骨干教师队伍，激发教师专业能力发展的内生力，各地纷纷采用了名师工作室的形式。由此，名师工作室作为高端的教师培训形式在全国各地教育行政部门和学校如雨后春笋般先后建立。[①②] 而目前对名师工作室的功能研究还主要聚焦于“名师”的培养方面，将名师工作室与区县教师教育体系建设联系起来的研究还不多。为此，本文针对名师工作室的性质和特点进行分析，结合区县教师队伍建设存在的问题，探讨以名师工作室促进区县教师队伍建设的优势和策略。

一　名师工作室的性质分析

要利用名师工作室促进区县教师队伍建设，首先要明确名师工作室的性质。一个组织的性质决定了它的发展目标、基本功能、主要作用、建设路径等[③]，随着名师工作室建设和发展的不断深入，其性质也更加丰富和明确，概括起来主要为四个方面，一是教师专业团队组织，二是教师专业发展社群，三是教师学习型组织，四是教师专业学习共同体。

（一）名师工作室是教师专业团队组织

对于名师工作室的性质界定，最早的观点认为名师工作室是教师专业团队组织，即名师工作室是按照一定的原则和规章制度建立起来的，以课题研究、学术探讨、理论学习、名师论坛、现场指导等多种形式对内凝聚、向外

---

① 李明霞：《跨界引领名师成长——名师工作室建设的几点思考》，《中小学教师培训》2016年第5期。

② 王栋：《行动学习视角下基于名师工作室的教师专业发展机制探究》，《中小学教师培训》2018年第4期。

③ 徐伯钧：《我国中小学教研组建设研究述评》，《教育研究》2016年第9期。

辐射，促进教师专业化成长的组织。名师工作室是一种政府行为，是为解决基层中小学师资队伍建设、名师资源辐射、专项课题研究等问题而由政府专门组织起来的有固定参加人员、有明确活动内容的组织机构。[①] 从这样的观点看，名师工作室是具有特定目标的教师专业团队组织。

（二）名师工作室是教师专业发展社群

根据美国社会学家戴维·波普诺的定义，社群是由具有共同的连接点、相同的目标和期望的人形成的团体。中国社会学家郑杭生则将社群定义为“有相同利益的人的集合体，他们经由稳定的社会关系或持续的社会互动而结合”[②]。参加名师工作室的教师都具有共同的发展目标和理念认同，为此，一些学者用社群的概念来界定名师工作室的性质，认为我国的名师工作室是在课程改革的背景下，以名师的声望为旗号，汇集成的志趣相投的教师专业发展社群，教师在这个社群中合作研究、交流认识，形成了追求理论、崇尚研究的教研文化，实现了教师专业的生态发展。[③]

（三）名师工作室是教师学习型组织

美国麻省理工学院彼得·圣吉博士是学习型组织理论的奠基人，其定义的学习型组织是“能够设法使各阶层人员全心投入，并有能力不断学习的组织”[④]。美国学者加尔文认为，学习型组织善于创造、获得和传递知识，善于通过改变自身的行为来反映新的知识和远见卓识[⑤]。有学者在分析名师工作室的组织特征与学习型组织的定义后指出，名师工作室是在名师带领下的一种内在的、自发的、具有共同愿景的教师学习型组织，其开展的多种形

① 周健、徐成华：《网络社群的社会组织特征浅析》，《淮海工学院学报》2011 年第 5 期。

② 李盈：《微信社群舆情传播研究》，湖南大学硕士学位论文，2018。

③ 任光升、李伟：《名师工作室运行机制的探索》，《当代教育科学》2011 年第 14 期。

④ ［美］Sylvia M. Roberts，Eunice Z. Pruitt：《学习型学校的专业发展》，赵丽、刘冷馨、朱晓文译，中国轻工业出版社，2004。

⑤ Garvin，D.，“Building and Learning Organization”，*Harvard Business Review*，1993，4.

式的活动皆以“内在需要”为基准。[①] 名师工作室是能够发挥名师的辐射作用、培养名师、提高教师专业素质的重要教师学习型组织[②]。

（四）名师工作室是教师专业学习共同体

越来越多的研究将名师工作室的性质界定为学习共同体。[③] 比如有研究在对共同体理论的历史进行梳理，分析了滕尼斯、韦伯、萨乔万尼等对共同体的研究之后，认为名师工作室本质是学习共同体。[④] 并且进一步指出，与传统的教师教育方式相比，名师工作室更具备教师专业学习共同体的特点，更能够满足教师专业成长的需求。[⑤] 学习共同体中的反思实践特点也得到研究的重视，这些研究认为名师工作室是一个公共的反思空间与实践场域，可以帮助教师成为反思性实践者。[⑥] 在教师的网络化学习中，名师工作室也可以以实践情境为特征的“学习共同体”策略，实现学习内容、活动、支持的有效联动，有助于大面积提高教师网络化培训的质量和效益。[⑦]

从不同的视角出发，可以将名师工作室看作教师专业团队组织、教师专业发展社群、教师学习型组织以及教师专业学习共同体，这些认识本质上没有区别，都是试图去厘清名师工作室的内部机制，提出推动其建设的措施，促进其功能的发挥。

二　利用名师工作室促进区县教师队伍建设的优势

区县教师教育是整个教师队伍建设中最关键的一环，也是最薄弱的一

① 朱旭东、王姣莉：《专业学习共同体视角下的名师工作室》，《中国教师》2016 年第 15 期。

② 王胜华：《物理名师工作室团队建设与发展的研究》，东北师范大学硕士学位论文，2018。

③ 李艳：《教师学习共同体建构的个案研究》，西北师范大学硕士学位论文，2015。

④ 顾洋：《教师专业共同体建设研究》，广西师范大学硕士学位论文，2013。

⑤ 全力：《名师工作室环境中的教师专业成长——一种专业共同体的视角》，《当代教育科学》2009 年第 13 期。

⑥ 单慧璐、刘力：《反思性实践视域下的名师工作室：研修理念、原则与过程》，《教育发展研究》2015 年第 12 期。

⑦ 王水玉、刘学伟：《依托“名师工作室”的教师网络学习模式探讨》，《当代教育科学》2011 年第 14 期。

环。区县层级的教师教育主要存在以下三个方面的问题：①区县专业教师教育者比较少，教师教育资源匮乏；②区县教师外出参加远距离培训花费的经济成本和时间成本比较高，存在比较典型的工学矛盾；③在教师教育中缺少区县本土化的教育理论和实践，教师在学习培训中受益不显著。名师工作室作为一个区域的教师发展共同体，恰好可以弥补以上缺陷，推动区县教师教育体系建设，以下将进行具体分析。

（一）名师工作室有助于整合区县教师教育资源

教师的在职发展在其专业发展中的关键作用已经得到广泛的认可。教师专业发展主要是在实践工作中，教师运用经验、反思、证据、数据、概念和理论等成为经验性教师，并逐步成为专家型教师。区县教师教育体系中用于支持教师职后发展的资源相对匮乏，体现在三个方面：第一，大多数的区县缺少专门的教师教育者，比如大学教授和教师教育研究领域的专家。第二，优秀的教师教育资源不能得到有效整合。在各个区县以及学校，都存在经验丰富的教师，他们可以成为教师教育者，利用自身的优势参与教师教育活动，是重要的教师教育资源，但由于没有合适的平台，这些重要的资源得不到有效整合。第三，教师个体的发展得不到全面持续的关注。由于教师的工作具有实践性和个体性，教师在工作场域中相对比较孤立，很难形成全面的教师经验的交流和互动，制约着教师的成长。

同时，如何整合各方面的教师教育资源、促进教师的发展也是需要解决的重要问题。美国有句格言：医生是在病床边养成的。模仿这句话，就可以说教师是在其工作实践中养成的。佐藤学认为，无论大学中的教师教育或在职教育多么完善，无论教育委员会或教师中心的讲座多么引人入胜，无论教育研究活动多么活跃，都无法取代学校在教师养成过程中的独特作用。科学地说，学校是教师养成的真实沃土，学校通过校本研修培养教师并使其成为专家。[①] 名师

① ［日］佐藤学：《教师花传书：专家型教师的成长》，陈静静译，华东师范大学出版社，2016。

工作室作为一个区域的教师专业学习共同体，是立足于学校教师实践的学习共同体，正好可以以实践为契机，整合区域内的教师教育资源。专家型教师在工作室中是主持人及骨干成员，他们的教育教学经验可通过工作室的教育教学实践在工作室内部得到有效推广。同时，名师工作室可以通过相互听课评课，利用共同进行主题研究和探讨等各种有利机会，促进工作室成员的交流与分享，让成员教师不再进行单打独斗式的个人奋斗，而是通过集体协作共同提高。同样，名师工作室作为一个整体，还可以以集体为单位与区域外的专家进行对接，进行研修和课题研究，形成长期的互动和协作关系，由此可以更加有效地利用外部教师教育资源。

总的来说，名师工作室有利于整合区县的教师教育资源，更好地发挥教师教育专家、主持人和工作室教师的能动性，促进教师专业能力的发展。

（二）名师工作室有助于提高教师教育效益

由于大多数区县自身的教师教育能力比较薄弱，其在职教师培训往往依赖于外部力量参与。我国大部分的区县离教育资源丰富的城市中心比较远，教师外出参加学习和培训，需要付出巨大的经济成本和时间成本。在北京师范大学教师教育研究中心开展的“三区三州区县教师教育新体系建设”项目中，我们对项目内的教师教育现状进行了调研。在调研中，一位处于农村的初中校长针对教师培训算了一笔账，他说由于学校地处农村，加上义务教育不能收费，学校用于教师培养的经费非常有限，该校一年可以用于教师学习的经费只有约 10 万元。由于该校地处我国西部较为偏远的地区，教师外出学习要乘坐汽车、飞机等交通工具，要耗费大量的交通费用，再加上学习费用和食宿费用，每个教师的学习成本更是惊人。作为校长，他也非常希望教师能够有更多的外出学习机会，但是每年的经费能够支持外出学习的教师人数非常有限。当然，也有国培计划等有经费配套的教师培训活动，学校不用承担经费，但是这样的培训又面临着教师的工学矛盾。学校希望培养的教师往往是工作积极性高、学习能力强的骨干教师，而这些教师在学校承担着重要的教学工作，如果这些教师外出学习时间较长，就会影响学校教学工作。因此，学校不愿意也不敢让这些教师去参加学习。当必须派人参加学习时，就派一些教学工作相对清闲，甚至后勤服务人员去参加培训，出现“培训专业户”。

加强名师工作室建构是解决以上问题的重要途径。以名师工作室为基础开展促进教师专业能力提升的活动项目，可以将教师的教学工作和专业成长结合起来，立足本学校和本区域，节约经济成本和时间的成本；同时这样的学习形式，更能体现教师学习的实践性特征，更有利于学习和实践的相互融合，提高学习效果，促进教师专业能力提升。

（三）名师工作室有利于教师教育的本土化创新

我国地域辽阔，各地区由于自然环境和文化传统不一样，教育基础和教育需求也存在很大的不同。比如在“三区三州区县教师教育新体系建设”项目中，我们对西部某少数民族县调研时发现，该地区主要居民是彝族，当地社群内部平时交流的语言仍然以彝语为主，因此，针对这些少数民族学生的教育，首先要解决的就是他们的语言问题。特别是在小学起始年级，很多小学生不能熟练运用普通话，语言就成为影响教学的重要因素。为了更好地促进教学，教师就应该针对当地实际情况进行针对性的教学设计，这就要求教师具备相应的教学技能。而这些技能虽然仍在教育基本理论的框架之下，但在具体的教学实践上却具有区域独特性，仅仅通过外部学习的技能发展方式难以见效，形成本土化的教师专业发展模式是解决这个问题的重要途径。

为了形成本土化的教师专业发展模式，有必要针对本土化的教学进行实践研究和理论探索，进行行动的改进和创新，这些工作的完成，需要基于本土实践的教学共同体的参与。名师工作室恰好是这样的学习型组织。在名师工作室中，成员可以针对具有共同特征的教学问题进行反思和研究，剖析面临的共性问题，提出解决策略，形成独特的教学实践，而这个过程，就是教师教育的创新。

总之，与传统的教师教育方式相比，名师工作室更能够满足教师专业成长的需求。更为可贵的是，名师工作室对克服区县教师发展的问题，摆脱教师队伍建设的外部依赖，发展和创新区域教育教学经验，提高区县教师教育的内生力，具有非常重要的作用。

三　利用名师工作室促进区县教师队伍建设的策略

（一）明确项目宗旨，助推教师个性化发展

在名师工作室的项目设计中，应该以发挥“名师”引领作用、促进教师专业能力成长、培养更多的“名师”为关键目标，而达成这些目标需要以具体的项目为载体。在项目设计和实施中，要杜绝为了项目开展而进行活动设计，要将关注点从关注事情的完成转变到关注作为人的教师发展上。这既是区县教师教育体系建设的关键理念，也是名师工作室之所以存在的价值所在。目前，一些名师工作室方向不明确，未能厘清工作室发展思路[①]，因而成效还不显著。特别是纳入区县教师教育体系的名师工作室，更要加强对教师发展的认识。工作室开展教学实践探究和理论探究不是为了实践而实践，为了展示而展示，为了研究而研究，而是要提高成员的教师专业能力。名师工作室的一切活动开展，都要结合教师成长规律，专注于教师的重要能力，以教师的专业发展为导向。

在具体针对教师个人发展的设计中，既要考虑到工作室作为一个共同体的共性，又要考虑到教师的个性。苏霍姆林斯基说：“一个没有任何个性特色的教师，他教育出来的学生也不会有任何特色。”[②] 教师个体具有独特性和差异性的特点，教师的成长应该是个性化的成长。教师个性化成长是教师自我发展的自觉意识和主动需求；教师个性化成长需要优良的外部环境，教师管理的生机与活力在于促进教师个性的健康发展，培养教师的个性特长和

① 李华平：《名师工作室建设的问题与对策》，《教育理论与实践》2015 年第 2 期。

② 苏霍姆林斯基：《和青年校长的谈话》，赵玮等译，上海教育出版社，1983。

创造力。[①] 因此，无论是从现实性来说还是从前瞻性来说，名师工作室都应该关注和实现教师个性化培养。[②]

如何有效地关注教师的个性成长？我们认为，除了目前流行的关注教师的发展阶段以外，还应该将教师的人格特质纳入考虑范围。从教师的发展阶段来说，处于不同专业发展阶段的教师，具有不同的发展需求。新入职的教师，缺少教育教学的实际经验，对这个阶段的教师的培养，可以通过观课模仿、上课磨课等形式，增强其教育实践能力；对于处于发展期的有经验的教师，则要提高他们的理论素养，促使其看清教育问题、认识不同的教学方式背后的理论基础，引导其进行理论学习，开展课题研究。也就是说，在进行工作室项目设计的时候，针对不同阶段的教师，应该有不同的项目、不同的目标取向，关注教师个性化成长。比如在云南保山的杨丽佳名师工作坊中共有 14 名坊员，他们来自云南省保山市的三县（昌宁县、施甸县、龙陵县）、一区（隆阳区）、一市（腾冲市），涵盖了全市所有地区，有城市幼儿园教师 7 人、乡镇中心学校或幼儿园教师 7 人，全部是女性。坊员所在幼儿园有一所为民办，其余全部为公办；在云南省一级一等幼儿园工作的有 4 人，在乡镇办园水平亟待提高的园所工作的有 6 人。在工作坊建设规划中，它结合工作坊成员实际情况和发展需求，分别制定了个性化的发展计划，结合成员自身长处和发展需求开展活动，发挥每个成员的长处，弥补短板，从而取得了人人有成长、集体有收获的良好局面。

（二）注重知识共享，促进工作室成员共同成长

知识共享是个体将其所拥有的知识（内隐性知识和外显性知识），通过恰当的方式有选择地传递给其他个体，进而实现个体之间知识的交流，促进

① 方大学：《基于名师工作室的教师个性化培养实践研究》，《中小学教师培训》2018 年第 3 期。

② 刘春文：《基于名师工作室的教师个性化培养研究》，《中小学教师培训》2017 年第 1 期。

与提升组织的知识累积与绩效。[①] 实践表明，通过教师之间的对话与交流，实现知识共享是教师获取个人知识最有效的途径，而名师工作室作为一个实践性的共同体，具有实现知识共享的基础条件。[②]

名师工作室在活动开展中，应该将知识共享作为重要的目的和手段，加强内部的知识共享。目前还存在一些因素影响着教师知识共享，比如知识共享意识的薄弱、知识共享机制的匮乏、教师知识的内隐性等。[③] 为此，在名师工作室建构中，要克服制约知识共享的因素。首先，要提高成员的知识共享意识。在知识共享过程中，无论是知识的贡献还是获取，从根本上讲都应是主动的过程。为了让知识共享获得效果，要提高成员的分享意识，让工作室的每一个成员都主动参与知识共享。其次，形成良好的知识共享机制。名师工作室是一个学习共同体，在这个共同体中，主持人是协调者，而不是行政上的管理者，工作室的组织关系不应该是行政性的领导关系，而应该是平等、协作和分享的关系，这样才能形成物质和精神上的激励制度保障。最后，教师的知识内隐性成分比较大，而内隐性知识参与共享比较困难，因此为了形成良好的共享环境，应该鼓励教师将内隐性知识外显化，即有目的有意识地将教学实践和教学策略理论化和程序化，形成便于分享和借鉴的教学经验。工作室的知识共享，最终的目的是促进本土化的经验和理论的生成，实现知识的增值和创新。

（三）注重成果萃取，引领区域内教师队伍建设

名师工作室作为区县教师教育体系中的重要组成部分，其功能不能仅限于促进工作室内部成员的专业发展，还应立足于区县甚至国家整体教育事业，将形成的教育教学成果和教师发展经验进行推广，从而发挥更大的作用。想

① 于米：《个人/集体主义倾向与知识分享意愿之间的关系研究：知识活性的调节作用》，《南开管理评论》2011 年第 6 期。

② 王志林：《实践社区：实现教师个人知识共享的理想平台》，《外国中小学教育》2008 年第 12 期。

③ 李伟：《教师共同体中的知识共享：困境与突破》，《教育发展研究》2017 年第 20 期。

要有效地引领区域发展，就需要对名师工作室取得的成果进行整理，形成物化的、可视化的材料，便于交流和分享。从对名师工作室调研结果看，目前区县的大多数名师工作室缺乏成果的萃取能力。不少工作室开展了很多积极而卓有成效的活动，在教育实践和教师专业能力提升方面都取得了丰富的成果，但是这些成果没有办法外显出来，不能形成可供学习和借鉴的素材。比如我们通过对已有的名师工作室进行研究后发现，有的名师工作室通过工作室项目的开展，不但形成了丰富的教学成果，还培养了一批优秀的教师，完成了名师工作室的建设目标，但是它们所呈现的成果仅仅是活动开展记录、教学案例和活动总结等，缺乏对项目开展的深层次理论考察，同时由于各地教育情况存在差异，这些处于表层次的案例和经验无法有效地实现迁移和复制。

因此在工作室的活动开展过程中，要加强对成果的萃取，从教育规律和教师发展特征等方面对活动开展的成效进行梳理。比如要重视工作室的项目计划、活动资料、成员心得体会等材料，定期汇总分析这些材料，从中寻找规律，形成工作策略。同时要提高教师的理论意识和研究能力。工作室可以在借助高校专家的基础上，推动教师学习教育学和心理学等理论知识，并将这些理论和教育实践进行链接，针对教育现象进行深入研究，从而明晰原理，获取规律。这样得到的成果，更具有迁移性和推广性。这样的过程，也是创造的过程，可以得到实践性和理论性相结合的教育教学成果，进而不但可以有效地促进工作室内部成员的成长，还可以在更广阔的区域内传播，起到更大的引领作用。四川凉山州的“邓霞名师工作室”在活动开展中注重研究和成果的汇集，立项了 8 个州级课题和 1 个国家级子课题，成员发表和获奖的论文有 100 多篇，积累了丰富的课题研究成果和课堂案例，形成了《名师工作室成果集》三册，这些成果不但是工作室成员成果的外显，而且有力地促进了工作室成员观念和能力的内化，有利于发挥更大范围的辐射引领作用。

四　结语

名师工作室作为区县教师教育体系中重要的组成部分，对促进教师教育本土化、提高区县教师教育内生力具有非常重要的作用。为了充分发挥名师工作室的作用，确保名师工作室成为区县教师教育体系建设的可持续发展力量，地方的教育管理部门应该充分重视名师工作室的建设，应该将名师工作室的管理纳入长期的专门管理范畴，除了在经费上给予保障以外，还要通过积极的评价制度，营造良好的外部氛围，提高成员的参与积极性，促进区域内名师工作室间的合作交流、良性互动，以此打造优质的教师队伍，实现区域教育资源的流动和均衡化，改善教育不发达地区的状况，保障《中国教育现代化 2035》目标的顺利完成。

• 理论探索 •

《中国教育发展与减贫研究》2019 年第 2 辑
第 96 ~ 107 页

论社区教育在扶贫工作中的作用

张鼎男*

【摘　　要】扶贫必扶智，治贫先治愚。贫穷并不可怕，怕的是智力不足、头脑空空，怕的是知识匮乏、精神委顿。教育扶贫作为精准扶贫的重要构成部分，通过帮助贫困地区的贫困人口掌握先进的科学文化知识，提高他们脱贫致富的能力。社区教育作为全民终身学习的基本形态，在教育扶贫中同样发挥着巨大作用。本文论述了社区教育的优势、社区教育的主要内容和基本形式。

【关 键 词】精准扶贫　社区教育　教育扶贫

一　精准扶贫的主要内涵

2013 年 11 月，习近平总书记在湖南湘西考察调研时首次提出“精准扶贫”。精准扶贫这一战略思想，创新性地回答了新时代扶贫的三大问题，即“扶持谁”“谁来扶”“怎么扶”。习近平总书记指出，扶贫方式要因贫困地区和贫困原因而定，具体实施“五个一批”工程，即发展生产脱贫一批、

* 张鼎男，大连广播电视大学长海分校讲师，主要研究方向为法学教学和社区教育。

异地搬迁脱贫一批、生态补偿脱贫一批、发展教育脱贫一批、社会保障兜底一批。“精准扶贫”坚持人民立场与问题导向，坚持辩证思维与底线思维，有着丰富的思想内涵和鲜明的理论特征。①

习近平总书记2016年7月20日在东西部扶贫协作座谈会上的讲话中提出，摆脱贫困首要的并不是摆脱物质的贫困，而是摆脱意识和思路的贫困。扶贫必扶智，治贫先治愚。贫穷并不可怕，怕的是智力不足、头脑空空，怕的是知识匮乏、精神委顿。脱贫致富不仅要注意“富口袋”，更要注意“富脑袋”。东西部扶贫协作和对口支援要在发展经济的基础上，向教育、文化、卫生、科技等领域合作拓展，贯彻“五位一体”总体布局要求。要继续总结利用互派干部等方面的好经验、好做法，把东部地区的理念、人才、技术、经验等要素传播到西部地区，促进观念互通、思路互动、技术互学、作风互鉴。西部地区要彻底拔掉穷根，必须把教育作为长远的事业抓好。东部地区要在基础教育、职业教育、高等教育等方面，通过联合办学、设立分校、扩大招生、培训教师等多种方式给予西部地区更多的帮助。②

二　当前农村教育扶贫现状

（一）现阶段农村教育扶贫主要政策

1. 雨露计划

“雨露计划”以政府主导、社会参与为特色，以提高素质、增强就业和创业能力为宗旨，以中职（中技）学历职业教育、劳动力转移培训、创业培训、农业实用技术培训、政策业务培训为手段，以促成转移就业、自主创业为途径，帮助贫困地区青壮年农民解决在就业、创业中遇到的实际困难，最终达到发展生产、增加收入、促进贫困地区经济发展的目标。“雨露计

① 程现昆、咸贺贺：《论精准扶贫的内涵、特征与价值》，《科技经济导刊》2019年第13期。

② 《习总书记在东西部扶贫协作座谈会上的讲话》，2016年7月20日。

划”的全面实施，标志着我国的扶贫开发工作由以自然资源开发为主的阶段，发展到自然资源开发与人力资源开发并举的新阶段。

2. 义务教育精准扶贫

针对义务教育阶段的具体扶贫措施较多，现阶段已向学前教育阶段和大学教育阶段延伸。一是针对各类学生发放求学补贴，为学前教育阶段家庭经济困难学生发放生活补贴（每生每年400元）和保教费（每生每年600元），为中小学实施“两免一补”及为建档立卡家庭学生发放寄宿生生活补贴（每年1250元）。二是实施学生营养改善计划，为义务教育阶段建档立卡贫困学生和残疾学生发放营养改善计划补助资金（每生每年800元）。同时，积极通过校舍改造、设备更新、师资引进等，提升义务教育学校办学整体条件。

3. 职业教育及高等教育扶贫政策

在高等教育领域，国家相继出台相关政策，一是面向贫困地区开展定向招生，自2016年起，国家先后投放定向招生计划17万余人，为贫困地区学生接受良好大学教育提供平台；二是针对高校贫困在校生提供每年3000~12000元的学费补助，有力支持了贫困地区学生顺利完成学业；三是积极为大学毕业生提供优质就业岗位，保证贫困家庭学生实现更充分就业；四是积极与用人单位联系，为贫困家庭适龄劳动力提供职业技能培训，帮助他们顺利外出务工，实现劳动力的转移。①

（二）现阶段教育扶贫存在的主要问题

1. 重硬件投入，轻软实力建设

传统教育模式需要集中教学。针对居住分散的农村地区，尤其是偏远的山区等经济条件较差的现实，国家和地方采取了一系列措施开展教育扶贫工作，投入了大量资金。具体到农村学校上，大量资金一方面被用在校区房

---

① 武赛赛、曹荣梦、李双玉：《“精准扶贫”视角下教育扶贫现状问题及对策研究》，《市场周刊》2017年第10期。

屋、计算机教室等基本硬件建设上，另一方面被用于加大对农村贫困学生的资助力度，其核心是要保障家庭经济困难学生能够完成学业。但是传统的教育教学需要稳定的教师队伍。对乡村教师队伍的调研显示：农村教师存在数量不足、队伍不稳定、老龄化严重以及由此带来的知识老化、教育观念滞后、教育教学能力不足等问题。农村学校教学资源有限、教师待遇等条件较差，加上编制、前途发展与子女就学等因素影响，导致教师资源的匮乏和流失问题，让农村地区教育质量难以得到保障。与教育质量的下降相对应的是学生的流失，学生的流失又导致农村学校在校生的减少，许多学校被迫撤销或合并，更加剧了农村学校整体实力的下降。

2. 教育效益不能很快转化为经济效益，致使农村地区接受教育的态度比较消极

目前为止，仍有部分地区存在“读书无用，不如退学打工”的观念。家庭教育观念落后，加之就业压力加大，使得“不用读太多书，识字就行，大学毕业后也是出去打工”的观念仍广泛存在。传统教育不能在短时间内使贫困群众受益。传统教育包括职业教育需要大量时间和软硬件资源投入，不能在短时间内转化为经济收益，不能解决贫困群众的燃眉之急，眼见别人家孩子早早辍学挣钱，一些家长易产生从众心理，不愿支持子女就学。此外，由于学校数量较少，需要到较远的地区就学，贫困家庭孩子需到乡政府所在地或县城幼儿园、小学就读，导致家长不得不到城镇租房陪读，由此除产生一系列额外支出外，往往还需要占用一个劳动力，一方面加重了贫困家庭经济负担，另一方面严重削弱了家庭支持孩子求学的积极性。再者，贫困家庭家长对技能学习不重视，尤其面对新技术，在畏难情绪的作用下，不愿意主动接受技能培训。

3. 贫困地区和贫困人口的主观能动性有待提高

近些年，国家扶贫工作取得了较大的成就，但需要注意的是，这些扶贫成就往往是依靠政府牵拉、群众被动参与取得的，被扶贫对象脱贫的主观能动性较低。造成这一局面的原因很多，比如有些地方政府仅仅是为政绩而扶贫，扶贫手段流于形式，贫困群众没有受益，导致扶贫资源被浪费，甚至被中饱私囊。再者，有些地方政府扶贫政策的制定、扶贫项目的推进缺乏群众的积极参与，使被帮扶群众产生依赖心理。加之贫困地区群众自身学习能力较弱，许多贫困村留守人员老人小孩占大多数，接受教育的意愿和能力较弱，思想观念陈旧，缺乏创新意识和科技意识。

三　社区教育在扶贫工作中的作用

社区教育作为传统教育的重要补充，在教育扶贫工作中具有广阔的应用空间，可以解决目前教育扶贫中遇到的一系列问题。

（一）有利于强化思想政治教育，使人民群众坚定“四个自信”，激活其内在动力，提高贫困人口的主观能动性

习近平总书记于2015年11月27日在中央扶贫开发工作会议上的讲话中提出：激发内生动力，调动贫困地区和贫困人口积极性。“只要有信心，黄土变成金。”贫穷不是不可改变的宿命。人穷志不能短，扶贫必先扶志。没有比人更高的山，没有比脚更长的路。要做好对贫困地区干部群众的宣传、教育、培训、组织工作，让他们的心热起来、行动起来，引导他们树立“宁愿苦干、不愿苦熬”的观念，使他们自力更生、艰苦奋斗，靠辛勤劳动改变贫困落后面貌。

（1）社区教育作为建立全民终身学习的学习型社会的基本形态，可助力社区居民形成积极的价值观、态度和道德；可提高全社区居民的素质和文化水平，促进社区的物质文明建设和精神文明建设；可形成良好的社区文化，建设良好的社区环境；可以培养居民的社区角色、社区意识和社区归属感①，对从被帮扶群众的内在精神层面激发其积极奋进的活力具有重要意义。

（2）通过社区教育的各类“国学”“家风”等新时代中国特色社会主义核心价值观的课程建设，面向社区全体成员，使其在受教育的过程中，得到精神上的满足感，同时引导他们形成正确积极的价值观，从内心坚定对国

① 毋靖雨：《社区教育：精准推进脱贫攻坚的有效路径》，《中国成人教育》2018年第23期。

家精准扶贫政策的信心。此外，在社区教育扶贫的课程设计中优先考虑精神扶贫，通过案例教学等方式讲解国家扶贫政策，从贫困群众最关心的脱贫效能角度出发，使他们感受到脱贫实际上并没有那么遥远，祛除他们内在的慵懒状态。再者，通过对较为复杂的职业教育课程进行分解设计，让贫困群众更容易理解学习，并在学习后受益，从而使他们感受到学习的效能，进而从内心祛除“读书无用论”的错误思想。

（3）社区还应深入挖掘地域特色文化资源，开展社区居民喜闻乐见的文化艺术、体育运动等特色浓郁的文体娱乐活动，营造出社区成员在脱贫攻坚中“继续学习”的浓郁氛围。在这种氛围的引导下，社区教育面向社区全体成员，强调“社区共同的文化、共同的行为规范、共同的生活方式和社区意识、社区隶属感”，可以让被帮扶的群众“随大流”地参与到学习中。既促进社区成员发展，满足社区成员个人意愿，又能加强社区居民的合作，推进社区教育的深入进行。贫困地区的社区以及贫困群众一旦形成了集体的脱贫意志，就能激发其自身的内在动力，有助于营造良好的精神文化环境，促进贫困群众的自我发展与提高，使他们“想脱贫、会脱贫、能脱贫”，从而反哺于贫困地区经济社会发展。

（4）对于贫困地区的留守儿童和留守老人而言，通过让他们参与社区教育，可以在一定程度上弥补家庭教育的缺位，更有利于当地的社会稳定和未来的经济发展。

（5）社区教育，可以增加社区居民，包括被帮扶群众的文化底蕴，进而反哺到他们的产业发展中，为其带来经济效益。比如，同样一片山区，普通景区与名人文化故里所能带来的收益就大不相同；长海县传统的渔家乐和能体现出长海县文化特色的渔家乐所能吸引的游客流量也是大不相同的。而吃到“甜头”的贫困群众，会从内心接受并欢迎社区教育，并积极投身到全民终身学习之中。

（二）有利于针对非学历、非职业化教育的受众，开展技术培训，使教育资源迅速向经济效益转化

相对传统的学历教育和职业教育，社区教育在面向非学历、非职业化的

贫困群众时，能发挥其一系列的优势作用。

1. 时间上的优势

社区教育与传统的学历教育和职业教育相比，在学习时间上更为自由。社区居民，尤其是贫困地区的农村社区居民，大部分时间用来务工、劳作等，很难有足够多的空闲时间去满足传统学历教育和职业教育的学时要求。而社区教育可以按照学习者的要求，充分利用碎片时间进行授课。比如，长海县社区学院的授课时间根据农村社区居民的要求，在周末下午5点到6点之间进行，这段时间是农村居民忙完农活、吃完晚饭的休闲时间，因此在这段时间授课对其生活和工作没有任何影响，而且这个时间可以根据社区居民的要求随时进行更改。

2. 体系上的优势

社区教育作为终身教育体系的重要一环，在传统的学校教育与家庭学习之间架起了一道桥梁。尤其在贫困地区，由于传统的学历和职业教育学时长，收效慢，从开始接受教育到反哺家庭生活之间有一段较长时间的空窗期，而社区教育则能最大限度地缩小这段空窗期。比如，传统的高校美术教育，如果想要获得收益，前期需要投入大量资金和时间，学生毕业后短时期内也很难找到工作。而社区教育可以通过刺绣、针织等有针对性的课程，使非学历的学习者在短时间内掌握一定的技术，即使这门技术掌握得不全面，但也足以帮助学习者制作可出售的小商品，解决其短时期内的生计问题。

同时，社区教育可以统筹整合社区内的各类教育资源，在政府的主导下，以传统学校为后盾，以社区教学单位为平台，以家庭为学习单位，构建"三位一体"的社区教育体系，使学历化、职业化的传统学校资源能够及时、合理地应用于扶贫工作中。

3. 资源上的优势

社区教育可以充分整合利用社区内的各类教学资源，结合社区居民的需求予以合理分配。贫困地区的受众本身由于地域及经济条件限制，所能接触到的教育教学资源极其有限，想要获取所需的教育教学资源所付出的成本较高。而社区教育可以在政府的主导下，积极地发掘一个社区内的教育教学资源。比如，以学校、家庭、社会教育为智力支撑，构建“三位一体”的社区教育体系。

首先，在贫困地区实施社区教育，能够为贫困群众构建更具针对性、更具体系的脱贫教育资源系统。其次，贫困地区的社区教育能够积极挖掘本社区的一切教育资源，使其最大限度地服务于本社区居民，包括被帮扶的贫困居民。对于未能完成传统正规学校教育的贫困群众而言，社区教育门槛低、针对性强、资源丰富，为他们提供了再学习的机会。此外，由于社区教育具有开放性和包容性，它的师资可以来自传统学历教育学校和职业化学校，也可以是社区或企业的技术人员。社区教育能够通过整合家庭教育与学校教育的资源，为社区居民，尤其是被帮扶的贫困群体提供平时难得的学习资源与场所，为他们提供非学历、非职业化的技能训练及日常生活能力培训、精神教育课程，引导他们增强自信心，克服困难，提高脱贫致富的内在动力和外在能力。

（三）有利于贫困地区教育软实力建设，帮助推广新技术、新思路

由于社区教育具有灵活性和包容性，除编制内的师资外，传统学校教师和社会教育师资可以以志愿者等形式加入，对其晋升、发展等没有不利影响，同时较多有条件有意愿的师资是为了“镀金”而加入，对贫困地区教育软实力的建设有着积极作用。

社区教育相较于传统教育而言，具有高度的灵活性和包容性，能够在传统的社区课程中迅速融合进社区最先进的新技术、新理念，而不受制于教学硬件设施以及教材等。在特定情况下，教师仅用课件就能够进行新技术课程的授课，并且上课的时间地点可以根据社区居民的要求进行调整，可以使社区居民获得时间短、受益快的学习体验。

社会在不断发展，5G时代即将到来，与之同步而生的各项新技术、新理念也在冲击着现有的社会生活，而相对偏远的贫困地区本就已经落后于发达地区，如果再不能及时接收新技术、新理念，那么在新时代中国特色社会主义的扶贫攻坚战中，它们便注定是要“拖后腿”的。尤其是现阶段电商这种形式已经在扶贫工作中展现出巨大的力量，电商技术的推广，有利于扩

大扶贫效果。社区教育在贫困地区的深入开展将这些先进理念和先进技术引入，有利于新科技、新思路的推广。

社区教育本身也要针对贫困地区群众的需求，从传统的健身舞蹈、书法美术等休闲娱乐课程中跳出来，结合精准扶贫的理念，有针对性地开设半职业化、半商品化的，能够在短时间内使群众获利的课程。在课程安排上，要与传统教育相区别，重点是结合被帮扶地区的地理、人文、环境等因素，符合贫困群众脱贫的实际需求，让群众想听、愿意听。在授课环节中，要求授课教师创新教学方式方法，能够在短时间内让贫困群众感受到理论与实践的结合，激发他们的学习兴趣。这样，社区教育在精准扶贫中才能做到"扶真贫""真扶贫"。

（四）有利于维护贫困地区稳定，创造安定的扶贫环境

由于贫困地区经济水平低，生活条件落后，教育普及率相对较低，群众容易滋生不满情绪。而贫困地区往往以农村为主，在农闲期，群众有大量空闲时间，容易出现闲散人员聚众滋事等事件，影响当地社会安定，不利于扶贫工作的开展。而社区教育的深入开展可以充实群众的空闲时间，转移群众的精力。笔者在沈阳参加社区教育培训时听说过这样一个案例：当地某社区有一个"上访专业户"，社区人员每年都要耗费大量人力和时间对其进行劝导。而在当地社区学校开课后不久，当地政府就发现不需要再耗费人力和时间对该"上访专业户"进行劝导，因为该"上访专业户"在社区学校报名学习了，用他自己的话说"上课时间都不够，哪有工夫再跑来跑去"。这意味着，社区教育在无形中既节省了政府相关部门的资源，又从侧面解决了习惯性上访的难题，一定程度上起到了维护社会稳定的作用，有利于政府工作包括扶贫工作在内的各项工作的开展。

四　如何利用社区教育深化扶贫工作

社区教育在扶贫工作中起着重要作用，那么具体如何操作，才能使社区

教育的优势得以充分发挥，助力扶贫工作的开展呢？

1. 开设思政类、思政化课程，宣传新时代中国特色社会主义思想，在贫困群众中强化思想政治教育

在贫困地区深入开展社区教育，需要用“利”来吸引贫困群众参与学习，让他们“有利可图”，但不能“唯利是图”。这就需要专门开设新时代中国特色社会主义理念类的课程，要在社区教育的各类课程中积极融入思政元素，将“怎样培养人，为谁培养人，培养什么人”的高校教育的根本问题融合在社区教育中，在贫困群众和地区中树立正确导向。

通过课程设计及教学，向社区居民宣传及阐释新时代中国特色社会主义核心价值观，帮助社区居民理解党和政府的各项施政方针，尤其是可以结合本社区的具体特点，使党和政府的扶贫精神能够为社区居民所理解，使人民群众能够理解并坚定“四个自信”。

2. 开设普法学法类课程，普及国家法律法规，增强扶贫对象法律意识

精选与居民生活、扶贫政策相关的法律法规，运用案例教学、法制小剧场等形式，使贫困地区居民通过社区教育课程，了解国家法律法规，明确自身权利义务，从而规范自身行为，带动周围群众集体学法守法。减少滥用甚至冒用扶贫款项等问题的出现，减少各类治安事件的发生，为扶贫工作的开展建设一个稳定的社会环境。

3. 开设就业创业类课程，进行职业补充教育，增强扶贫对象创业就业能力

当前贫困地区面临两大情况，一是老龄化问题日趋加重，二是农民工返乡潮的出现。前者是大部分贫困地区普遍存在的问题，由于青壮年进城务工，农村居住着大量留守老人和留守儿童，他们的就业和创业能力非常薄弱，社区教育需要针对留守老人开设低成本、低负荷、见效快的创业类课程。比如，长海县社区学院针对农村地区的留守老人和留守妇女开设了针织课程，用一到两个小时的时间教授她们钩织小饰品、小玩偶，时间短、见效快，学习者课上就能掌握技能，课下就可以自己制作小玩偶等来补贴家用。而由于城市就业压力增大，部分大城市的政策使得进城务工人员生存压力增大，大量农民工开始返乡创业。由于相当一部分农民工在城市里从事的是重体力、低脑力工作，他们所具备的创业所需的管理和经营能力较薄弱，社区教育需要针对他们开设创业所需的课程，帮助他们掌握管理经营技术，帮助他们实现创业。此外，还要针对农村退役军人开设创业就业辅导课程，帮助退役军人就业、创业。同时引入农村创业成功案例，对成功案例进行宣传分析，帮助扶贫对象建立信心，并对其进行适当的创业指导。

有条件的地域，可以在开设实用技术培训课程时，依托社区积极开展产教融合模式。如推动农村职业教育的定向实施机构，主动对接连片特困区的相关产业与企业，树立资源、利益共享的合作理念，发挥专业人才集聚的优势，对接企业的人才需求和技术革新需求，使人才培养适应连片特困区发展战略需求。

4. 开设网络信息类课程，普及基础网络信息知识，宣传电商技术，帮助个体电商化脱贫

社区教育要紧跟社会发展的潮流，展望未来，将新技术、新思路应用在社区教学中，使社区居民既能解当下的“燃眉之急”，又能获得在新时代中国特色社会主义市场经济中发展的技术支撑，其中最典型的就是电商技术。电商这种形式经济成本低、技术门槛低、见效快，适合个人和家庭式小作坊。开设网络信息类课程，一方面可以帮助扶贫对象快速脱贫，另一方面可以普及基础网络信息，有助于提高地区文化素养。

5. 开设文化素养类课程，深化特色文化宣传，助力扶贫地区文化产业建设

在具有文化特色的地区，要结合特色文化，开设文化素养类课程，深挖特色文化，助力当地文化旅游业和其他文化产业的发展。社区教育课程要结合贫困群众脱贫的实际需求，发散思维，创新教学方式方法，在短时间内让贫困群众感受到理论与实践的结合。比如，成都浦江地区的“游学”课程，将乡村旅游与社区学习、乡村产业相结合，使城市社区居民在旅游中学习，在学习中旅游，同时促使城乡文化相互融合。它还利用浦江贫困地区的产业和文化特色进行精准扶贫，使旅游、学习、扶贫三者相互结合，产生了意想不到的良好效果。在没有传统文化特色的地区，要开设文化普及类课程，通过引入书法、国学、绘画等课程，帮助这些地区群众培养文化素养，拓展当地文化产业发展思路。即使无法帮助贫困地区群众在短时间内脱贫，但通过提高他们的文化素养，可以帮助他们在心理层面上树立信心，助力脱贫工作的开展。

6. 开设医疗救护类课程，普及简单有效的医疗保健和急救知识，降低扶贫对象因病返贫的概率

贫困地区由于环境条件、医疗卫生条件相对较差，加上生活压力较大，因病返贫、因病致贫的情况时有发生。可通过与医疗机构、红十字会等合作，以社会教育课程的形式普及简单有效、可操作性强的医疗保健和急救知识，增加扶贫对象医疗常识，避免由于迷信和偏方等造成的感染和耽误病情等情况的发生，防止“小伤拖成重伤，小病拖成重病”，最大限度地保障当地群众的生命健康，从而减少贫困家庭医疗支出，降低因病致贫、因病返贫的概率。

7. 结合各类课程，宣传政府扶贫政策、举措，助力当地政府开展扶贫工作

在进行社区教育授课时，要紧密结合当地政府的扶贫政策，在各类课程中进行扶贫政策、方针的宣传。当前电视和网络的普及，使得大量与扶贫政策和技术无关的娱乐类信息占据了贫困地区群众的空闲时间，挤占了国家扶贫政策方针和技术信息的宣传空间。社区教育为政府扶贫政策方针和技术信息的普及提供了一个新的平台，通过与课程相结合的宣传，使得社区居民能够更深入地了解扶贫政策，了解国家政策的实施，了解新的扶贫技术信息，从而提高政府公信力，助力政府扶贫政策的实施。

五　结语

社区教育作为全民终身学习的重要一环，在面向贫困群众的教育扶贫中，能够起到重要作用，能够有力地帮助实现精准扶贫的重要目标，能够体现习近平总书记关于精准扶贫尤其是教育扶贫的精神要求，最终帮助贫困群众“真脱贫”，助力实现在2020年全面建成小康社会的目标。

《中国教育发展与减贫研究》2019 年第 2 辑
第 108～118 页

国家开放大学项目化精准扶贫模式研究

卢 峰　温薇迪*

【摘　　要】 国家开放大学是教育部直属的新型高等教育机构，具有教学方式灵活、教学理念前卫、教学内容多元、入学门槛较低等特点。在我国精准扶贫的事业当中，教育理念独特的国家开放大学扶贫模式较普通大学更具有可操作性。本文围绕精准扶贫这一基本方针，提出了项目化的国家开放大学精准扶贫模式。利用项目化扶贫人才培养策略、项目化贫困地区农民委培策略、精准扶贫项目孵化策略推进提升国家开放大学的扶贫效能。并强调了国家开放大学项目化精准扶贫的实现路径，提出了构建校政村联动的扶贫项目部、开设扶贫项目专项课程、深化非学历继续教育的作用、加强校企合作关系、设立精准扶贫资源库等措施。

【关 键 词】 精准扶贫　项目化　国家开放大学　脱贫攻坚

2013 年，习近平总书记在考察湖南湘西时提出了“精准扶贫”的概念，

* 卢峰，硕士，长春广播电视大学副教授，主要研究方向为课程论与教学法；温薇迪，本科，长春广播电视大学讲师，主要研究方向为远程教育。

强调贫困是我国全面实现社会主义、推进社会发展的重要阻力。在几年的不断努力下，党的十八大以来，我国精准扶贫成果显著，全国贫困人口比率下降了 6 个百分点，年脱贫人数超过 1300 万。但是随着脱贫工作的逐步深化，剩余贫困地区的贫困问题更加尖锐，更加复杂，更加严重。因此进一步推进精准扶贫工作，在 2020 年完成全面脱贫的目标，需要将更加多元的社会力量汇总在一起，并通过科学的整合方式，实现资源的合理利用，提高精准脱贫的目标水平。

一 精准扶贫的基本方针与发展现状

（一）我国关于精准扶贫的方针政策

贫富差距是制约我国经济社会发展的重要因素，也是社会主义建设过程中必须要解决的问题。截止到 2018 年，我国仍有贫困人口 3000 余万人，贫困地区覆盖全国各个省市，分布范围极广。2013 年，习近平总书记作出了“实事求是、因地制宜、分类指导、精准扶贫”的重要指示。党的十八大以来，我国政府不断加大扶贫力度，在贫困地区基础设施建设、人才教育、资源利用等方面取得了巨大的成就。在习近平总书记精准扶贫思想的引领下，我国形成了以政府班组优化为基础，以社会资源广泛引入为手段，以政策扶持为保障的扶贫机制。党的十九大提出：重点攻克深度贫困地区脱贫任务，确保到 2020 年我国现行标准下农村贫困人口实现脱贫，贫困县全部摘帽，解决区域性整体贫困问题，做到脱真贫、真脱贫。

（二）精准扶贫的主要措施

围绕习近平总书记关于精准扶贫精神思想的阐述，各地政府机构通过不断努力，逐渐构建了发展生产、发展教育、易地搬迁、生态补偿四大脱贫方式。第一，通过技术引入、资金引入、销路引入的方式，促进贫苦地区生产力优化，提高农产品产量、品质，并加强贫困地区农产品的流通能力。第二，利用教育帮助贫困地区人民走出山区，提高贫困人口的综合素养，使其具有更强的价值创造能力，进而达到脱贫致富的目的。第三，利用易地搬迁的方式，针对部分居住环境确实不利于生存的贫困地区人口，帮助他们转移居住区域，摆脱自然环境的限制。第四，对于一些因保护自然环境而无法发展生产的贫困地区，将它们的自然环境价值纳入经济收入范畴，通过生态补偿的形式，提高贫困人群的收入能力，缓解贫困问题。

（三）精准扶贫存在的主要问题

随着我国社会的不断发展以及脱贫攻坚工作的逐步深化，精准扶贫工作已经取得了巨大的成效，自2013年以来，我国贫困人口以每年1300万的速率稳步下降，5年来共有超过6000万人实现脱贫，全国贫困发生率已下降到4%以下。但是随着精准扶贫工程的推进，脱贫工作已经进入收尾阶段，所剩贫困地区均为脱贫难度较大的偏远山村。单纯依靠地方政府已经难以取得实质性的进展，资源需求度高、贫困程度大、民众整体素养低、贫困地区散而小等问题，都对精准扶贫工作提出了更高的要求，精准扶贫需要逐步向全民扶贫、全社会扶贫方向发展，需要社会各界力量的扶持。

二　高等院校在精准扶贫中的主要作用

（一）提高贫困地区的生产技术水平

技术输出是高等院校推进精准扶贫工作的重要方式之一。高等院校集聚了我国各类专业中的顶级人才，具有丰富先进的知识体系，能够在贫困地区产业优化、科技创新等方面给予专业性的指导。一方面，通过对贫困地区农民的培养，提高贫困人口的整体素养，使其能够以科学的方式进行生产活动，提高生产质量，以达到提高经济效益的目的；另一方面，通过技术指导的方式，高等院校能够对贫困地区在生产过程中存在的问题进行矫正，进而提高贫困地区的生产技术水平。

（二）为贫困地区输出高质量人才

教育是学校的本质，培养人才是教育的最直观目的。因此，人才输出是高等院校参与精准扶贫工作的主要方式。高校在精准扶贫的工作中，要立足于丰富的教育资源，通过多种形式的教育工作，培养具有创新精神、实践能力、吃苦态度的优秀人才，并向贫困地区输出高质量人才。通过人才的输出，帮助贫困地区改善现有经济环境、提高生产力，使贫困地区在优秀人才的带领下，逐步实现脱贫致富的目的。

（三）为精准扶贫工作的创新提供思路

科研创新是高校的又一主要属性，因此在精准扶贫工作中，高校可以充分发挥自身对学科专业知识的掌握程度，结合当前国际前沿的知识，为精准扶贫项目的改革优化提供思路。高等院校应帮助贫困地区农民以科学的方式探索新出路，同时从扶贫工作的管理方面提出相应的建议，以尊重市场的变化，实现经济效益最大化。

三　国家开放大学项目化精准扶贫的措施策略

（一）项目化扶贫人才培养策略

扶贫工作作为我国经济和社会发展中的重点工作，对我国的建设发展具有极为重要的影响，但是在人才培养方面，却至今未有高校或教育机构专门开设相关课程为这一国策提供教育支持。虽然在各地政府的推动下，部分优秀人才能够走进贫困地区，承担脱贫责任，但脱贫工作不仅涉及农业生产技术的引入，还涉及管理、经济等多个领域的问题，同时需要因地制宜，缺乏面向脱贫工作的专业培养，就会导致投身脱贫事业的人才无法充分发挥自身价值。国家开放大学是我国教育部直属的开放式大学，其在教学方式与本质上比传统的高等教育更强调“全民教育、终身教育、开放教育”的理念。

面对我国缺乏扶贫专项人才的问题，国家开放大学可充分利用自身“网络与课堂教育相结合、学历与非学历教育相结合”的特点，实施项目化扶贫人才培养策略。

项目化扶贫人才培养策略，即“引入脱贫项目，开展针对性教学”。各地的国家开放大学可根据当地贫困地区的实际现状，与当地主管单位和基层政府进行沟通，建立“村校沟通机制”，委派专业教师，在扶贫工作人员和当地基层政府的协同下，深入了解贫困地区的主要问题以及资源条件。将地方贫苦地区的真实情况作为教学基础，针对某一贫困地区，开设项目化的教学课程，围绕精准扶贫项目，开展有针对性的教学。教学内容应紧密围绕目标贫困地区的实际情况来开展，重实操、轻理论。在人才输送方面，国家开放大学可与地方政府进行合作，由地方政府向国家开放大学输送下基层的政府人才，委托国家开放大学以专业化的方式对即将参加扶贫工作的政府人才进行专业化的培养，使其成为具有精准扶贫能力的针对性人才。通过项目化扶贫人才培养策略培养出的人才将具有与目标贫困地区高度契合的综合能力，可直接被委派至目标贫困地区开展精准扶贫的指导与实践工作。

（二）项目化贫困地区农民委培策略

项目化贫困地区农民委培策略是与项目化扶贫人才培养策略相对应的精准扶贫方式，后者是以贫困地区外部人才引进为导向，而前者则是以贫困地区内部人才培养为导向。

国家开放大学是遵循“共同平台、统一战略、相对独立、资源共享、各具特色”的原则建立的。目前国家开发大学共建校54所，覆盖我国40多个省市地区。丰富的教育资源和广泛的覆盖率使得国家开放大学具有比一般高等教育机构更广泛的社会影响力，同时其“开放化”的教学方式，降低了入学门槛，使得一些无力进入高等院校的民众也能够获得专业化的教育。利用这一特点，国家开放大学可实施项目化贫困地区农民委培策略，基于“统一部署，独立执行”的基本方针，以当地国家开放大学为平台，为贫困地区的农民开设绿色通道。

一方面，利用教育下乡的方式，在贫困地区开设扶贫讲堂，让教师走进贫困地区，通过讲座、咨询等方式，为贫困地区农民提供专业指导。但是由于贫困地区多处于偏远地区，因此教育下乡的方式只能以专题讲座或短期教学的形式开展，教育周期通常在1天之内，而贫困地区人群的理解能力有限，因此该种教育模式无法对贫困地区的脱贫工作产生较强的推动作用。

另一方面，各地国家开放大学可与贫困地区基层政府进行合作，由政府承担农民的学习费用，其他费用由国家开放大学减免一部分，地方组织和企业自主承担一部分，建立校内的农民委培机制。由目标贫困地区的基层政府引导推广，精准扶贫对象可直接向当地国家开放大学报名，并由专业教师开展长期可持续的教育工作，从根本上提高贫困地区农民的综合素养和生产能力，进而通过人才素质整体提升的方式，实现脱贫目标。

（三）精准扶贫项目孵化策略

在精准扶贫的尾声阶段，解决我国最后4%贫困人口的脱贫问题，需要针对贫困重地开展有针对性的扶贫工作，结合贫困地区的真实情况和自然资源，开展项目化的扶贫工作。要围绕贫困地区的可利用资源，设立发展目标以及支柱经济，综合资本、技术、人才、社会、政策等多方面的资源，对扶贫项目进行重点开发和建设。

国家开放大学的资源整合能力强，覆盖范围广，教育方式多样化，且建立在中央广播电视大学殷实的教育基础之上，能够在扶贫项目的开展过程中，为扶贫项目提供智力、人力方面的支持。因此，国家开放大学在推进精准扶贫工作过程中，除了教育资源输出以外，还可围绕精准扶贫项目孵化策略开展扶贫工作。精准扶贫项目孵化策略，是指以国家开放大学为平台，以“教育+社会+企业”的形式，实现外部资源的整合。各地国家开放大学可建立扶贫项目部，通过扶贫立项的方式，开展“科研+实践”的扶贫工作。由国家开放大学总校授权，各地分校依据当地贫困地区的实际情况进行扶贫立项，在地方政府的扶植和政策引导下，邀请当地企业、组织参与扶贫项目，开展扶贫项目孵化工作。一方面，企业能够通过扶贫项目的孵化实现收益，另一方面，贫困地区能够通过国家开放大学获得技术、资本、人才、市场等多个方面的支持。

四　国家开放大学项目化精准扶贫策略的实现路径

（一）构建校政村联动的扶贫项目部

实施项目化的精准扶贫策略的前提是建立扶贫项目，通过扶贫项目的确立，确定扶贫的方向、需求的资源、主要存在的问题等。而扶贫项目的建立需要紧密围绕贫困地区的现实条件，需要充分利用当地扶贫政策，需要专业化的措施与方法。因此，实现国家开放大学项目化精准扶贫，需要构建校政村三位一体的扶贫项目部；建立地方国家开放大学与贫困地区村镇、省市政府三方协同的沟通机制；以扶贫项目部为单位，充分整合各方资源。

通过校政村联动的扶贫项目部，各地国家开放大学将成为扶贫项目的孵化器，以学术知识和专业技术为基础，建立扶贫项目，并利用自身教育部直属院校的特殊身份，充分调动和借力政府资源，以地方政府为支撑，以社会企业为动力，以具体扶贫项目为内容，实现扶贫项目的孵化。

（二）开设扶贫项目专项课程

对于普通全日制高校以及职业院校而言，创设以扶贫为导向的课程需要较大的精力投入，而按照我国精准扶贫的计划，预计2020年，我国贫困地区将全部实现脱贫摘帽。因此，全日制高等院校建立扶贫专项课程的实用价值并不理想。但是对于国家开放大学而言，创新的开放化教育模式，使得课程开发的门槛降低，特别是基于孔子学校等线上平台的教育模式，更是为课程开发创造了得天独厚的条件，令开设扶贫专项课程具有了极大的可能性。

对此，可结合国家开放大学的独特性，遵循“尊重地方，因地制宜，独立开发，资源共享”的原则，由各地的国家开放大学围绕具体的扶贫项目（由扶贫项目部确定）开发扶贫专项课程。这些专项课程包括技术领域的课程、管理领域的课程、思想觉悟领域的课程等，可打破传统教学课程的专业局限性，将扶贫项目课程打造为综合化的课程体系，以便于为精准扶贫提供精准的教育资源。

（三）深化非学历继续教育作用

提供非学历继续教育是国家开放大学区别于普通高等院校的重要特点，也是国家开放大学推动实现全民教育、终身教育的重要方式。非学历继续教育为更多大众提供了学习的可能性，这就为全民扶贫提供了更多的资源。因此，在实现国家开放大学项目化精准扶贫的过程中，应当逐渐深化和重视非学历继续教育，为参与扶贫项目的工作人员以及贫困地区的农民提供碎片化的学习机会，以完成专项化的深造。

（四）加强校企合作关系，引入企业资源

习近平总书记在关于精准扶贫的精神思想中，强调了企业在扶贫过程中的重要作用，认为市场是实现真正脱贫的根本动力，应当通过扶持发展特色产业，实现就地脱贫。国家开放大学开展精准扶贫，也应当充分调动企业资源，利用各地分校与当地企业的紧密关系，依托政府扶植政策，围绕具体的扶贫项目，加大企业资源的引入力度，强化校企合作的关系。充分发挥企业的指导作用，以及借助企业对市场经济的敏锐嗅觉，使精准扶贫项目能够真正成为具有市场竞争力的高品质项目，在帮助贫困地区人口脱贫的同时，也创造更多的社会价值，同时确保合作企业也能够通过扶贫项目成果获得一定的收益。

（五）设立精准扶贫资源库，强化校间共享

“资源共享”是国家开放大学实现教育创新的源泉，也是54所国家开放大学结合集体力量放大地方分校价值的“放大镜”。虽然我国脱贫工作已经进入了尾声，但是由于地方脱贫问题的复杂性，未来精准扶贫仍有一段很长的路要走。因此，应当建立精准扶贫资源库，将各地分校在精准扶贫中形

成的创意思想、实践经验以及专业化课程进行公开分享。通过教育资源的分享，减少各地分校在精准扶贫事业方面的冗余工作，以期提高扶贫效率。

五 项目化精准扶贫的保障机制

（一）优化教师专业素养

教师的专业素养是保证教育水平的重要因素，也是高等院校核心竞争力的重要体现。要保证国家开放大学对精准扶贫的推动力，需要不断提升、不断优化、不断改进教师教学水平，使教师适应当前的教学环境。精准扶贫是以市场实践为基础的，任何技术和方法都需要具有高度的可行性，而高校教师多数已任教多年，对市场生产技术和实际应用技术的前沿特点了解较少，同时缺乏系统化的扶贫专业培训，无法满足精准扶贫的要求。因此，为更好地体现国家开放大学在精准扶贫事业中的作用，应当加强教师的专业知识与实践技能，优化教师的专业素养，通过教师研讨、理论学习、实践参与等方式，逐步提升教师在脱贫攻坚领域的专业素养。

（二）强化市场调研工作

精准扶贫的重点在于“精准”一词，应当充分结合贫困地区的实际情况，结合市场的真实需求，结合地方政府的具体政策。所谓精准，其本质就是尊重事实，而项目化的精准扶贫更是将人才培养、教育输出、资源整合等工作建立在了具体贫困地区的真实情况基础上。因此，实现国家开放大学精准扶贫，需要强化市场调研工作，将项目化的扶贫建立在详细、真实、全面的调研成果基础上。

对此，国家开放大学应当建立完善的扶贫立项调研机制，对基本的调研内容进行统一的管理设定，对调研的基本方式进行明确的设定。以专业化的调研，确保国家开放大学的扶贫工作始终立足于真实问题，创造较高的扶贫价值。

（三）优化精准扶贫的流程管理

科学的工作流程决定了资源的利用效率。而在项目化的精准扶贫模式当中，高校需要严格按照科学化的流程开展相关工作。一方面，通过科学化的流程管理，确保各项扶贫工作能够有条不紊地展开，确保扶贫项目能够充分迎合市场需求，实现较高的经济价值，为农民增收脱贫打下殷实的基础；另一方面，合理化的扶贫流程管理，能够规范扶贫市场，形成扶贫工作人员之间的相互协同与监督，进而确保各类用于扶贫的资源能够真正流入贫困地区。

总　结

精准扶贫是我国现阶段的重要工作，是社会发展的必然趋势。我国地大物博、人口众多，但是由于部分地区受历史因素影响或自然条件限制，贫困人口依然很多。对此，深化精准扶贫工作是我国发展建设的必经之路。国家开放大学作为教育部直属院校，其先进的教学模式，为其更好地助力脱贫攻坚打下了坚实的基础。国家开放大学项目化精准扶贫机制的建立，极大地提高了国家开放大学的扶贫价值。但是面对 2020 年彻底摘掉贫困帽子的要求，精准扶贫工作还有很长的路要走。国家开放大学虽然能够为精准扶贫工作提供有力的支持，但是仍需要社会、政府、企业等多方努力，共同协调，团结一心，才能使我国实现全面脱贫。

参考文献

［1］刘孝国、陈瑜、戴令羽等：《高校对口精准扶贫的模式探析——以吉林农业大学为例》，《吉林农业》2018 年第 4 期。

［2］程华东、刘堃：《高校教育精准扶贫模式探究——以华中农业大学精准扶贫建始县为例》，《华中农业大学学报》（社会科学版）2017 年第 3 期。

[3] 韩妍琳：《河南科技大学对红里村精准扶贫实施路径及模式研究》，河南科技大学硕士学位论文，2018。
[4] 王宇、李博、左停：《精准扶贫的理论导向与实践逻辑——基于精细社会理论的视角》，《贵州社会科学》2016年第5期。
[5] 卢晓：《社会工作助力精准扶贫：功能定位与实践探索》，《信阳农林学院学报》2018年第1期。
[6] 庞晓涛：《高校参与国家重点扶贫县帮扶工作的思考——以浙江大学定点帮扶云南省景东县为例》，《科学文汇》2015年第4期。

《中国教育发展与减贫研究》2019 年第 2 辑
第 119 ~ 125 页

县域视角下职业教育发展的回顾与前瞻

——以国家级贫困县五台县为例

徐亚楠*

【摘　　要】 近年来我国职业教育的规模与总量逐步扩大，为贫困地区职业教育的发展带来契机与挑战。作为国家级贫困县，五台县的职业教育在发展中形成当地特色，为落实“科教兴县”战略、推进新农村建设、推动教育精准扶贫贡献了自身力量。但其在发展过程中仍面临教育资源缺失化、教育理念单一化、教学效力薄弱化等问题，在今后发展中需要统筹教育发展规划，提供坚实经济后盾；提倡生涯发展导向，促进内生动力发展；构建职业培训体系，优化职业教育扶贫。

【关 键 词】 职业教育　精准扶贫　职业培训体系

新中国成立 70 年来，我国职业教育不断发展，成绩斐然，已建成世界上规模最大的职业教育体系，各项体制机制趋于完善。职业教育作为面向人

* 徐亚楠，北京师范大学职业与成人教育研究所硕士研究生，主要研究方向为成人教育与职业教育。

人、面向社会的教育，担负着培养多样化人才、传承技术技能、促进就业创业的职责。职业教育规模与总量的逐步扩大，为贫困地区职业教育发展带来新的契机与挑战。聚焦贫困地区职业教育发展中的问题，从历史和现实的视角思考解决贫困地区职业教育数量、规模和质量方面的问题具有重要现实意义。鉴于此，本文从微观视角选取五台县职业教育的发展历程进行调查研究。

一　五台县职业教育发展历程

五台县位于山西省东北部，自西汉置县至今已有两千多年的历史，是革命老区、旅游名县、地域大县、人口大县，属于现阶段国家扶贫开发重点县。2019年，全县总面积2865平方公里，是忻州市面积最大的县，有19个乡（镇），573个行政村，总人口30.06万人，其中乡村人口21.63万人，城镇人口8.43万人，城镇化发展水平28.03%。全县现有幼儿园（班）14所，在园幼儿6990人；小学233所，在校生27484人；初中32所，在校生12406人；普通高中3所，在校生6034人；中等职业学校2所（五台职业中学、五台实验中学职教班），在校生2144人。五台县职业教育规模虽小，但也在推动地区教育、就业和经济发展中做出了重要贡献。

梳理新中国成立70年来职业教育的发展历史，可总结为：初创期与艰难期（1949～1976年）、恢复期与发展期（1977～1998年）、转折期与改革期（1999年至今）三个阶段，中国的职业教育可谓历尽艰辛，奋勇向前。在职业教育整体大发展的背景下，县域职业教育也在积极探寻具有区域特色的发展之路。五台县于1984年拥有自己的第一所技术学校——苏子坡技术学校，但学校位置偏僻、交通不便，严重制约着学校和学生的发展。至2007年，全县有1所中等职业学校，2所民办学校举办职教班（博爱中学、实验中学的职教班），在编教师104人，在校生1231人。2008年，县委、县政府决定将苏子坡技术学校搬迁至县城。2009年，县政府出资950万元购买原博爱中学（民办学校），将这所民办普通高中改为职业高中，同时将其作为县职教中心办学校址。五台县职业教育在国家政策的支持下，不断改革创新，发展也得到越来越多的肯定。

二 五台县职业教育发展措施

根据《职业教育法》，我国职业教育体系由职业学校教育和职业学校培训共同构成。职业培训由相应的职业培训机构、职业学校实施。

为推动职业学校教育发展，五台县主要采取了以下几方面措施。

第一，重视校园文化建设，营造良好育人氛围。结合职业高中学生特点，学校以校园文化建设作为全面提高学生综合素质的重要抓手，突出人文性、职业性与时代性。人文性的建设以教室、宿舍、走廊等为依托，开展教室、宿舍文化文明建设评比活动，以及学生名言征集评比活动等，积极调动学生积极性，使学生主动发现校园文化，接受文化熏陶，激发学生积极向上、热爱校园之情。职业性体现为将职业教育与校园文化建设相结合，通过成立篮球队、舞蹈队、声乐合唱队、礼仪队、校园广播组及各专业兴趣小组，举行专业汇报演出、专业技能比武等，为学生提供展示平台，增加学生的仪式感，充分发挥学生个性。同时，在校园文化与学生之间形成良性互动，创造出一种有意义的关系。时代性体现为对学生的思想文化教育紧跟时代步伐，通过举行升国旗仪式、组织安全纪律教育报告会、拒绝网吧签名仪式、爱心捐款、演讲赛、辩论会等，将法制教育、思想品德教育、理想教育融于日常各类活动中。

第二，加强教师队伍建设，注重学校内涵发展。近年来全县通过多项措施对职业学校教师进行培养与管理，提高教师整体素质。首先，学校积极促进师德师风建设，加强教师法制观念，组织教师认真学习《职业教育法》《教师法》《未成年人保护法》《中小学校教师职业道德规范》，利用开展师德建设大讨论活动对培训内容进行巩固，使教师在心中牢固树立“学校兴衰，人人有责”“学校是我家”等新理念。其次，学校重视教育科研，提升教师研究意识。学校为改变教师发展中的终身“磨道”现象，走上了“读、练、写”螺旋式上升的校本教研之路，新课改也初见成效。在教学方式上，推广“行为导向”教学法、项目式教学，提高教学的先进性和前瞻性。通过“走出去，请进来”的方式培训教师，为多位教师争取机会参加国家级培训和省级培训。最后，学校通过“结对子”，积极实施“青蓝工程”，培养青年教师使其尽快成才。每年组织“拜师”活动，由师德好、教学水平高、教学技能强、经验丰富的骨干教师与青年教师结对子，有计划地提高青年教师的教学水平和管理能力。

第三，切实加强常规管理，提升办学整体水平。在教师管理方面，积极建立并完善激励机制，制定考核细则，细化制度，落实责任，不断规范教学行为，强化过程监督。各科教师能认真履行学校要求，实现了学校提出的备课要“深”、上课要“实”、教学要“活”、手段要“新”、作业要“精”、考核要“严”、质量要“高”的要求，使不同层次的学生，课课有事干，周周有进步，月月有提高，三年后都能成为德智体全面发展的优秀职高毕业生。对于学生管理，一是实行了全员管理制度，每天都有领导、教师值班，检查学生到校、上课、上课间操、活动训练等情况。每位教师每月要交回四次德育扣分单，也就是要求教师每月至少和学生谈四次话，教育四个学生。2019年又相继开展“一帮二”活动，即每位教师帮教两名学困生。二是实行文明班级月评估通报制度。对各班级从学习、纪律、卫生、活动、好人好事等方面进行量化通报，并与班主任津贴挂钩。

第四，积极响应市场需求，加强特色专业建设。学校始终坚持紧密结合市场和相应企业的需求，设置重点专业，并根据人才市场需求变化及时调整专业。学校原来开设医学、财会、机电、计算机等专业。近年来，随着社会需求变化，学校结合我国城市化进程、五台县经济转型、五台山旅游业的发展，着眼于工业与民用建筑、旅游服务与管理专业的广阔前景，迅速拓展专业，开设了以工业与民用建筑、旅游服务与管理、电脑刺绣为重点发展方向的专业群，淘汰了市场对人才需求较少的老专业。近年又新增了文秘、音乐、美术、舞蹈四个专业，对学生更加细化地进行专业训练。在学校定位上，将计算机及其应用作为拳头专业，加大投入，不断丰富专业内涵，提升专业实力，力争做大、做强、做优。该专业每年生源充足，毕业生“就业”“升学”渠道顺畅。

五台县的职业培训主要针对初高中毕业生、城乡新增劳动者、下岗失业人员、在职人员、农村劳动者及其他社会成员，为其提供多种形式、多层次的职业教育和培训。在培训形式上主要由集中培训、送教下乡两部分组成。在教育扶贫方面，积极发挥了县职教中心的引领作用。在培训机构上主要依托职业学校和职教中心，职业学校积极与劳动部门联合，进行农村劳动力转移培训、农村实用技术人才培训和就业与再就业培训（“三类”培训）；职教中心充分发挥专业课教师的特长，于2017年、2018年利用暑期共培训2022人，主要发挥了机电技术应用、老年人服务与管理、建筑工程施工、刺绣、旅游服务与管理、种植、养殖、计算机应用8个专业的积极作用。职教中心利用周日及假期时间送教下乡，共培训近3000名农民工，主要形式是在县开展集中培训和到各乡镇开展下乡培训，发挥了种植、养殖两个涉农专业的积极作用。

三　五台县职业教育面临的困境及发展方向

五台县作为国家级贫困县，生活、交通和教育条件相对处于劣势，职业教育的发展面临诸多困境。

（1）教育资源的缺失化。对于国家级贫困县五台县而言，职业教育在发展中承受着资源缺失所带来的恶性循环问题，城乡之间的差距日趋扩大。职业教育供给不足、职业教育供给质量欠佳是当地职业教育资源开发与建设面临的最大问题，职业教育资源亟待整合优化。需进一步完善教育基础设施，加强教师队伍建设，保障职业学校师生合法权益。

（2）教学理念的单一化。五台县处于我国贫困地区，其需要职业教育大力发挥产教融合、工学结合的优势，依靠扎实的课程体系、科学的教学方法，切实提高劳动人民、在职人员、职业院校学生的岗位胜任力、职业适应力和社会发展力。然而，传统教育模式存在教育理念落后、课程建设落后、教学方法落后等问题，投入较大但效率不高、效果不理想，制约了技术人才的培养质量。

（3）教育效力的薄弱化。中等职业教育资源结构分配上的调整、办学规模的下降、大众认可度的变化都使贫困地区中等职业教育在发展过程中遇到阻力。长期以来，与普通中学相比，职业中学在一定程度上受到了社会的隐形歧视，通常被认为是学生无法考取普通高中后的“退而求其次”，社会对职业教育的认可度较低，生源质量不够高。此外，受地区职业教育基础薄弱、教育资源紧缺等因素影响，贫困地区职业教育质量亟待提升。

针对以上问题，推进县域职业教育发展可从以下几方面着手。

（1）在投入上，统筹教育发展规划，提供坚实经济后盾。在贫困地区发展职业教育，政府的大力支撑是最坚实的后盾。政府部门要不断加强职业教育基础能力的建设，不断改善职业学校办学条件。在达到国家规定的基本设置标准的基础上，到2020年基本实现标准化办学。并且要积极调动行业企业的积极性，鼓励企业举办职业学校，通过政校合作、政企合作共育人才。

（2）在理念上，提倡生涯发展导向，激发学生内生动力。从对五台县职业教育相关管理人员的访谈中可以发现，职业教育就业导向占据了供给的主导体系，在教育过程中忽视了学生主体性的发展。在今后发展中，深处国家贫困地区的职业教育更需聚焦学生生涯发展，用长远的眼光与教育理念，推进就业导向向学生个体生涯导向转变。

（3）在方式上，构建职业培训体系，优化职业教育扶贫方式。加大对职业教育的宣传力度，继续落实职业教育免学费政策和学生资助政策。贫困地区应切实有效发挥中职教育扶贫的功能，针对需求提供技能型教育。需积极立足县域经济、围绕市场办学，专业设置要对接区域经济社会发展的需要，课程设置和教学内容要对接岗位需要。

五台县职业教育是中国职业教育发展历史的见证者与参与者，中国职业教育的整体大发展也为五台县职业教育的未来发展提供了方向指引与资源支撑。通过几十年的艰苦探索，五台县已经形成了具有当地特色的职业教育体系，为落实“科教兴县”战略、推进新农村建设、推动教育精准扶贫贡献了不可小觑的力量，为当地的政治、经济、文化、教育发展注入了源源不断的活力。其发展过程中存在的难点、堵点亦可能是我国地方职业教育发展面临的典型问题，未来需综合研判我国县域教育发展现状、问题与趋势，为我国职业教育整体发展提供新举措、新方案和新思路。

• 调查研究 •

《中国教育发展与减贫研究》2019 年第 2 辑
第 126 ~ 149 页

国家开放大学“长征带”教育精准扶贫工程研究

邵丹丹　尹尚菁　张志军*

【摘　　要】 国家开放大学积极响应习近平总书记号召，以深厚的老区情怀实施了“长征带”教育精准扶贫工程，即对红军长征经过的12 个省（自治区、直辖市）25 个国家级贫困县进行定向帮扶，通过免费培养乡村基层干部、免费为贫困人员提供学习机会、免费开展职业技能培训和援建信息化基础设施等措施，推进教育强民、技能富民、就业安民，促进革命老区从根本上摆脱贫困，与全国同步进入小康社会。他们的基本经验是：“定点”与“定群”相结合；统一规划与满足需求相结合；学生资助与教师发展相结合；“扶智”与“扶志”相结合。

【关 键 词】 教育扶贫　国家开放大学　革命老区　远程教育

党的十八大以来，以习近平同志为核心的党中央把扶贫开发摆在治国理

* 邵丹丹，硕士，国家开放大学扶贫工作办公室科员，主要研究方向为教育扶贫；尹尚菁，博士，国家开放大学农林医药教学部讲师，主要研究方向为远程教育；张志军，学士，国家开放大学扶贫工作办公室主任，主要研究方向为农村远程教育。

政的重要位置，将精准扶贫、精准脱贫列为基本方略，纳入“五位一体”总体布局和“四个全面”战略布局，要求举全党全社会之力，坚决打赢脱贫攻坚战。治贫先治愚，扶贫先扶智，教育拔“穷根”。为贯彻落实党中央、国务院和教育部党组的决策部署，体现国家开放大学的办学理念、特点优势和老区情怀，国家开放大学自主启动实施“长征带”教育精准扶贫工程（简称“长征带”工程），即对红军长征路线上的有关省、自治区、直辖市的国家级贫困县，进行教育精准扶贫。

一 基本情况

（一）项目背景

1. 中国贫困地区的现状及特征

中国是世界上最大的发展中国家，也是贫困问题最突出的国家之一。中国的贫困人口曾占世界贫困人口总数的20%，在改革开放40年国民经济发展、大规模扶贫开发和实施脱贫攻坚之后，我国农村居民收入水平持续提高，生活水平显著改善，贫困人口大幅减少。截至2018年末，全国农村贫困人口总数为1660万人①，比1978年末的7.7亿人，累计下降7.5亿多人，年均减贫1900万人，贫困发生率也从97.5%下降到1.7%，对全球减贫的贡献率超七成。②

然而，贫困问题依然是我国经济社会发展中最突出的“短板”。现阶段的贫困问题，已经开始从普贫向特殊贫困问题转变。贫困人口多与贫瘠的自然资源有关，由于革命老区大都是环境恶劣的地区，因此贫困人口有相当一部分在革命老区，革命老区是我国21世纪反贫困的重中之重。据2016年统计数

① 国家统计局：《截至2018年末全国农村贫困人口共计1660万人》，2019年1月15日，http://finance.sina.com.cn/china/gncj/2019-02-15/doc-ihrfqzka6051150.shtml。

② 国家统计局：《扶贫开发成就举世瞩目 脱贫攻坚取得决定性进展》，2018年9月5日，https://www.sohu.com/a/252096611_224813。

据，革命老区中的贫困县占全国贫困县总数的近一半，有近4万个建档立卡贫困村和近3000万贫困人口分布在革命老区；[①] 目前，除了自然环境恶劣制约老区的发展之外，经济运行缓慢、基础设施建设薄弱、劳动力受教育程度低和社会公共事业滞后也是影响老区发展的特殊因素。[②] 革命老区与长征精神血脉相通，因此继承和弘扬长征精神对革命老区而言是理所应当的。在特殊贫困的基础上建设社会主义新农村，也是一次更艰苦、更漫长的“新长征”。

2. 党和政府对扶贫工作的重视

党和政府始终高度重视扶贫工作。习近平总书记在党的十九大报告中指出，要动员全党全国全社会力量，坚持精准扶贫、精准脱贫，坚持大扶贫格局。李克强总理在2019年《政府工作报告》中提出，打好精准脱贫攻坚战，用好教育这个阻断贫困代际传递的治本之策，这表明教育扶贫是扶贫工作的精髓所在。扶贫先扶智，而“扶智”的根本在于发展教育。2013年，国务院办公厅转发教育部等部门《关于实施教育扶贫工程意见的通知》并指出，教育发展滞后已经成为制约贫困地区经济社会发展的重大瓶颈。2015年，中共中央国务院《关于打赢脱贫攻坚战的决定》强调，着力加强教育扶贫，阻断贫困代际传递。2017年，《国家教育事业发展“十三五”规划》提出，全面推进教育精准扶贫、精准脱贫，让贫困家庭子女都能接受公平有质量的教育，阻断贫困代际传递。

革命老区扶贫同样受到党和政府的高度重视。2015年2月13日，习近平总书记在延安干部学院主持召开陕甘宁革命老区脱贫致富座谈会时指出，加快老区发展步伐，做好老区扶贫开发工作，让老区农村贫困人口尽快脱贫致富，确保老区人民同全国人民一道进入全面小康社会，是我们党和政府义不容辞的责任。2016年，中办、国办印发《关于加大脱贫攻坚力度支持革命老区开发建设的指导意见》（以下简称《指导意见》），提出老区脱贫攻坚要突出三个工作重点：一是以支持贫困老区为重点，推动相关资源要素向贫

① 何立峰：《扎实推进革命老区开发建设与脱贫攻坚》，《行政管理改革》2016年第6期。

② 曾雪枚：《生态文明框架下革命老区的发展研究》，《盛昌黎研究》2011年第11期。

困老区优先集聚，民生政策向贫困老区优先覆盖，重大项目向贫困老区优先布局；二是以扶持困难群体为重点，采取超常规举措，加快科学扶贫和精准扶贫，加大帮扶力度，办好老区民生实事；三是以集中解决突出问题为重点，解决制约老区发展的瓶颈问题，围绕基础设施建设、资源开发和产业发展、生态环境保护等重点领域和薄弱环节，实现以重点突破带动全面提升。《指导意见》的出台体现了国家加快老区开发建设步伐、帮助老区越过"新长征"路上的"雪山""草地"的决心。

3. 国家开放大学的责任担当和优势所在

当前，党和国家高度重视教育扶贫工作，国家开放大学启动实施"长征带"工程，不仅充分践行了其长期秉持的面向地方、面向基层、面向农村、面向边远和民族地区的办学理念，也体现出其"教育报国守初心，走好新的长征路"的责任与担当。国家开放大学通过教育扶贫，带动贫困地区人才培养，亦是对国家教育兴国和人才强国战略的有力回应。不仅如此，国家开放大学是由总部、分部、地方学院、学习中心和行业、企业学院共同组成的覆盖全国城乡的办学组织体系，具有强有力的贯通联络能力，在巩固思想共识、推进政策沟通和落地实施等方面具有跨部门、跨地区的系统协调优势。"长征带"工程依托系统力量推进，使各项政策均能有人对接、有人沟通、有人反馈，从而能够真正"动"起来、"沉"下去。此外，国家开放大学是我国运用现代信息技术引领教育教学改革创新的先行者和主力军，拥有功能强大的网络教学平台和现代信息技术优势，可以跨越时间和空间的限制，为贫困地区人群提供优质云端课程资源，促进时时可学、处处可学、人人皆学的学习型社会建设，用教育信息化推进教育公平，为实施"长征带"工程构筑技术优势和根基。

4. 多年开展教育扶贫工作为实施"长征带"工程提供了宝贵经验

多年来，各地普通高校和职业院校积极开展教育扶贫工作，形成了一定的模式，积累了丰富经验，为实施"长征带"工程奠定了良好基础。比如，普通高校在参与教育扶贫工作时，主要采取定点扶贫、对口扶贫、师资扶贫和文化扶贫等方式，探索出了教育扶贫的特色路径；各地高职院校在开展精准扶贫时，充分发挥其特色和优势，建立了高职教育联盟，同时注重校企结合、产教融合，引入国外先进模式并进行本土化设计，发挥了职业教育在精准扶贫中的造血主体作用，帮助贫困人群斩断贫穷之根。

从2004年开始，教育部启动“一村一名大学生计划”，由国家开放大学负责具体组织实施。该项目运用现代信息技术手段，发挥国家开放大学系统办学优势，惠及广大农民和落后地区，多措并举带动教育精准扶贫，强化高等教育供给和服务，实现农民大学生的就地化培养。十几年来，“一村一名大学生计划”为全国各地农村贫困地区培养了近68万“有文化、懂技术、会经营”的农村实用人才和致富带头人，得到了地方政府的充分肯定和社会的普遍赞誉。“一村一名大学生计划”所积累的丰富经验和做法，为实施“长征带”工程提供了实践指导与借鉴。

（二）组织实施

1. 项目目标

2017～2020年，国家开放大学及其办学组织体系计划于2017～2020年合力对红军长征经过的12个省（自治区、直辖市）25个国家级贫困县（以下简称国贫县）进行定向帮扶，通过免费培养乡村基层干部、免费为贫困人员提供学习机会、免费开展职业技能培训和援建信息化基础设施等措施，充分发挥教育在精准扶贫中的重要助推作用，力求以扶智带扶贫，隔断贫困的代际传递，推进教育强民、技能富民、就业安民，促进革命老区从根本上摆脱贫困，与全国同步进入小康社会。计划四年总投入约1.1亿元。

2. 项目选点

根据相关文献[①]，长征路线经过15个省（自治区、直辖市），其中有3个省（自治区、直辖市）没有国贫县或有国贫县但红军长征未直接经过，

① 中共中央党史研究室第一研究部、中共中央党史研究室科研管理部：《今日长征路图集》，中共党史出版社，2006。

由此确定“长征带”工程扶贫省（自治区、直辖市）为12个。

在县级扶贫对象选择方面，计划在每个省（自治区、直辖市）选择两个点，选择标准为红军长征经过的国贫县和开放教育发展基础较好的地区，以便于有效帮扶。综合考量国贫县学习中心开放教育招生人数、专业设置和分部推荐建议等因素，最终确定了25个国贫县作为帮扶对象，分别是：江西省瑞金市、上犹县、南康区，湖南省通道侗族自治县、永顺县，广西壮族自治区龙胜各族自治县、田东县，贵州省习水县、印江土家族苗族自治县，重庆市城口县、秀山土家族苗族自治县，云南省武定县、会泽县，四川省苍溪县、壤塘县，河南省光山县、淅川县，湖北省郧阳区（郧县）、郧西县，甘肃省礼县、岷县，宁夏回族自治区同心县、西吉县及陕西省山阳县、镇安县。

3. 项目举措

一是免费培养乡村基层干部，对受援贫困县的乡镇干部、村“两委”班子成员，实行免试注册入学，免费接受本专科教育。

二是对有能力、有愿望上大学，但由于家庭贫困，没有机会上大学的贫困县建档立卡人员，让他们免费接受国家开放大学相关专业本专科学历教育。

三是设立专项奖学金、助学金，激励和帮助更多的贫困县开放大学学生顺利完成学业。

四是围绕当地的特色、支柱产业，面向农村富余劳动力等广大务工人员群体，免费开展各类职业培训和技能培训。

五是援建信息化基础设施，免费推送各类优质学习资源，资助建设教育精准扶贫基地，服务当地经济社会发展。

4. 推进思路

体系联动。国家开放大学协调12个省（自治区、直辖市）分部及有关地方学院、学习中心，根据总体目标和要求，统一部署，明确分工，共同实施，协调推进。

集团帮扶。与社会上有爱心、有情怀、有社会责任感的社会团体、企事业单位携手，共同推进“长征带”工程，筹措资金，结对帮扶。

务求实效。不搞形式主义，扶真贫、真扶贫，因地制宜施策，做实做细每一个县的教育精准扶贫实施方案，真正帮到贫困群体，取得实实在在的成效。

5. 机制保障

（1）战略驱动

党的十八大以来，我国全面吹响了打赢脱贫攻坚战的号角，脱贫攻坚取得了决定性进展，谱写了人类反贫困历史新篇章。从 2013 年习近平总书记在湖南省湘西土家族苗族自治州考察时首次提出“精准扶贫”这一重要概念，到党的十九大报告将“精准脱贫”列为三大攻坚战之一，再到 2018 年中办、国办印发《中共中央　国务院关于打赢脱贫攻坚战三年行动的指导意见》，编辑出版《习近平扶贫论述摘编》等一系列战略部署，无不彰显着党中央、国务院对决胜脱贫攻坚的坚定决心和有力部署。

为深入贯彻党中央、国务院和教育部党组有关脱贫攻坚的决策部署，国家开放大学紧密结合自身办学体系和信息化优势，积极响应习近平总书记“全面建成小康社会，没有老区的全面小康，没有老区贫困人口脱贫致富，那是不完整的”等有关老区脱贫的指示精神，以“羊有跪乳，鸦有反哺”的深厚情怀实施“长征带”工程，并推动这一行动持续走深走实。

（2）制度保障

①研制扶贫项目管理办法。2017 年 10 月，国家开放大学经过先期充分调研，组织多次会商、研讨并吸纳相关分部意见后，研制出台《国家开放大学“长征带”教育精准扶贫工程项目管理办法（试行）》（以下简称《项目管理办法》）。《项目管理办法》是国家开放大学第一份有关教育扶贫制度规范的重要文件，为后续扶贫工作提供了制度保障和参照依据。

②印发扶贫资金管理办法。2018 年 5 月，为保障扶贫资金使用规范，加强扶贫资金监管力度，保障资金发放准确、使用得当，在系统力量的帮扶下，国家开放大学研究制定并印发了《国家开放大学“长征带”教育精准

扶贫工程专项资金管理办法（试行）》，为扶贫资金的发放和监管提供了重要依据。

③组织签署扶贫工作协议书。2018 年 9 月，为进一步强化扶贫工作中总部和分部两级统筹的责任意识，总部与 12 家相关分部签署了《国家开放大学“长征带”教育精准扶贫工程工作协议书》。协议书进一步强化和规范了总部和分部的权利与义务，保障了扶贫工作系统联动的活力，促进了“长征带”教育精准扶贫工程的精准落实。

（3）组织领导

为加大扶贫工作的组织领导力度，发挥国家开放大学办学体系联动优势，国家开放大学成立了教育精准扶贫工作领导小组和工作组，分别由总部、相关分部领导及相关部门负责人组成。2017 年 3 月国家开放大学在学校内设机构中专门设立了“扶贫工作办公室”，专职协调系统力量，统筹推进国家开放大学教育脱贫攻坚各项工作。

（4）扎实调研

没有调查就没有发言权。各项扶贫项目的方案制定和实施离不开扎实的调查研究。

2017 年 2 月和 2018 年 6 月，国家开放大学杨志坚书记两赴江西省赣州市开展调研，深入了解当地教育扶贫需求，并召集相关分部领导，共同研讨开展扶贫工作，并做出精心部署。此外，国家开放大学总部相关领导同志还先后赴云南、宁夏和广西等地调研“长征带”工程实施进展情况。

相关分部领导同志积极开展本地调研工作，召开数次研讨会，了解需求缺口，研究制订实施方案，不断“探路子，摸情况”。2017 年 5 月，四川广播电视大学原党委书记罗大玉同志在阿坝广播电视大学徐烁林校长的陪同下，经过两天的艰苦行程，到达阿坝州壤塘县学习中心，与当地政府对接国家开放大学“长征带”工程项目情况。国家开放大学开展的系列“长征带”教育精准扶贫项目调研，为摸清受援地区教育脱贫需求、精准施策、凝聚系统合力注入新的力量。

二 主要进展

（一）召开启动仪式

2017 年 4 月 7 日，“长征带”教育精准扶贫工程研讨会暨启动仪式在江西省赣州市召开，象征着“长征带”工程的正式实施。其具体任务是为国家开放大学 25 个基层学习中心免费培养乡村基层干部，免费为建档立卡贫困人员提供继续教育机会，免费培养行业企业急需的技能人才，免费开展职业技能培训，资助贫困县的开放大学学生完成学业，建设教育精准扶贫基地，着力改善受援学校办学条件。

（二）审议实施方案

2017 年 6～7 月，国家开放大学总部细致梳理并审定实施方案。按照国家开放大学可支出的扶贫资金和项目框架安排，总部扶贫工作办公室与总部相关职能部门和分部进行沟通协商，确定基础设施项目、非学历教育项目类型或数量，学历教育项目人员名额，进一步提升实施方案的可行性和科学性。

（三）各扶贫项目深入推进①

截止到 2018 年底，“长征带”工程各项目累计投入资金 24266597.20 元，直接受益人数为 25031 人。

1. 学历教育项目

一是已资助 1465 名乡村基层干部（含后备干部、农村致富带头人、乡村教师）接受开放教育，资助金额为 4231880 元。

四川省壤塘县宗科乡的扶贫专干、羌族小伙子罗刚，就读于国家开放大学教育法学本科，是“长征带”工程受益学生之一。罗刚之前所学专业是

① 数据来源：国家开放大学扶贫工作办公室。

会计，但在工作后发现自己曾经所学的知识无法解答村民咨询的法律问题。在县教育局了解到“长征带”工程基层干部学历提升项目之后，他报名参加了学习。罗刚最喜欢的课程是商法，虽然理论性内容比较难懂，但却能解决工作中的实际问题，尤其是能解决村民之间的债务纠纷。以前村民因各种经济纠纷问题发生矛盾，产生冲突，他处理起来比较吃力，而现在他可以从法律层面给予村民帮助，通过合法渠道既保障村民的权益，又可维护社区稳定。

二是已资助 230 名建档立卡贫困人员接受开放教育，资助金额为 741574.20 元。

三是完成了 2017 年度“长征带”工程专项助学金的受援名单审核与资金拨付工作，共计 5722500 元，受益人数 11445 人；完成了 2017 年度“长征带”工程专项奖学金的评选与资金拨付工作，共计 1771000 元，受益人数 1771 人。

江西瑞金是中央红军长征的出发地，瑞金市学习中心在发放奖学金、助学金时精心部署，在发放形式上强调仪式感、庄严感和使命感。土木工程专业本科生管晶晶因学业成绩优秀获得了专项奖学金，她说，国家开放大学心系瑞金老区，奖学金的设立让学生们深切地感受到国家开放大学是一所有情怀的大学，使大家有了强烈的归属感，这是对学生们努力学习的一种肯定、激励和鼓舞！

四是做好其他服务保障工作，持续为受援学生免费配送由国家开放大学出版社出版发行的统设必修课文字教材（或学习包），做好受援学生的信息统计工作。

2. 非学历教育项目

共计拨付 2017 年度非学历教育项目经费 3227565 元，受益人数约 4935 人。通过国家开放大学培训中心启动实施了“长征带”工程教师信息技术培训项目和农村电子商务培训项目，并向其拨付了 2017 年度和 2018 年度经费，共计 2810800 元，受益人数约 5185 人。截至 2019 年 5 月底，云南省会泽县、江西省上犹县和江西省赣州市南康区等多家受援学习中心已召开教师信息技术培训项目启动会，重庆市城口县和秀山土家族苗族自治县两家受援学习中心召开了农村电子商务培训项目启动会。截止到 2018 年底，分部或受援学习中心牵头承办了油茶、花卉、香菇等种植类，以及唤马剪纸、唐卡等传统民俗文化类非学历教育项目 20 余项。

3. 基础设施项目

（1）计算机机房项目

完成了设备招标和采购，组织签署了机房项目第一包和第二包合同书，共计拨付 3009751 元；采集了 25 家受援学习中心的需求方案信息，收集了 25 家受援学习中心的施工确认函。截至 2018 年底，已完成 20 家受援学习中心的安装工作，正逐步推进“长征带”工程计算机机房项目验收工作。

（2）国开—韬奋书屋项目

与韬奋基金会签署了《韬奋基金会推动全民阅读工程图书受助协议》和《韬奋基金会推动全民阅读图书捐赠工程保障资金捐助协议》，并向韬奋基金会支付完成 594000 元保障资金；与 25 家受援学习中心签署了《国家开放大学“长征带”教育精准扶贫工程援建“国开—韬奋书屋”捐书协议书》。截至 2018 年底，已完成 20 家受援学习中心的图书配送工作。

（3）国家数字化学习资源中心示范点项目

组织签署了与北京泛在时代教育技术有限责任公司的合作协议书，完成了 2018 年度经费拨付工作，共计 802000 元。现已完成 17 家受援学习中心示范点项目的安装和验收工作。圆满完成四期数字化学习资源中心示范点项目培训班。

（4）云教室项目

已完成设备招标采购。正逐步推进发货、安装与验收等工作。

（四）动态调整

截至 2019 年 3 月底，共完成“长征带”工程 22 份调整请示签报，最大限度地贴合当地脱贫实际情况，更好地满足受援学习中心的教育扶贫需求，促进“长征带”工程顺利实施。

（五）新闻收集与宣传

完成两期国家开放大学教育脱贫攻坚工作简报，持续收集各类新闻报道和相关素材。协助国家开放大学新闻办记者团于2018年11月上旬赴四川省苍溪县进行调研和新闻采集，相关报道于2018年12月在中国教育电视台播出。配合《在线学习》杂志开展扶贫工作报道，首篇国家开放大学原党委书记、校长杨志坚同志的专访稿已于2019年1月刊发。

（六）项目案例

1. 四川省苍溪县创新教育扶贫范式，服务当地经济社会发展需求

四川省苍溪县是红四方面军长征出发地，又是国家扶贫工作重点县。苍溪县作为中国红心猕猴桃生产大县、中国雪梨之乡，拥有独特的产业和教学优势。国家开放大学把“长征带”工程放在苍溪县，给苍溪县的教育扶贫添加了新动力。

在苍溪电大“电商教学实践基地”可容纳上百人的教室座无虚席，学员们全部拿着笔记本电脑记录着老师讲述的新知识和技术。实践基地不仅给学员们上课，还开展了“电商＋产品销售”“电商＋人才培育”“电商＋小农经济”“电商＋农业企业”“电商＋合作社”5个发展模式的培训。老师对学员们进行电商基本运营方式培训，让他们掌握通过电商销售产品的一般流程，搭建社会消费者和生产者的对接平台，为贫困山区的农业问题探索出较好的解决方案，为乡村开辟了一条致富之路。

在苍溪县元坝镇将军村，讲完猕猴桃疾病防治理论知识的闫书贵老师带领“长征带”工程学员来到不远处的“猕猴桃种植教学实践基地”，开始进行实地修枝，教大家判断病虫害类型。“有技术就是摇钱树，没技术就是洋槐树。”听完课的苍溪县桂花村党总支书记罗全明打趣地说。在课上他了解到，一棵树并非越多枝越好，长在猕猴桃树周围的杂树不用全砍光，它们能起到防风的作用。“纠正了很多以前的错误做法。”“我们村有4户猕猴桃种植户，回去以后会跟他们传授这些技术。”

苍溪县委组织部部长何宁介绍说，通过学习，涌现出一批致富能力和辐射示范引领作用强的学员。这些学员懂农村、懂农民，下一步计划是让这些人登上国家开放大学的讲台讲授课程，从而带动更多的人致富。

借力引力，扩大受益面。苍溪县实施“长征带”工程项目体现了“五有”特点：一是“苍溪方案”有特色，“千名基层干部学历提升计划”与“长征带”学历项目深度融合。二是队伍建设有实招，采用“外引内联”方式，整合各类教育培训资源。三是教学服务有支撑，将“网络+面授+实践”多种教学模式相结合。四是项目培训有创新，外联发达地区，内系名师资源。五是学习费用有保障，实行“四个一点”［县财政补助一点、“长征带”项目资金资助一点、就读学员所在村补助一点、村（社区）办公经费凭票据报销一点］费用报销模式，解决学员学费后顾之忧，有力破解了农村干部文化水平不高、学历层次偏低、工作能力不强的问题，为决胜脱贫攻坚、实施乡村振兴战略奠定了坚实基础。

2. 江西省瑞金市精心部署，扎实推进教育精准扶贫

国家开放大学“长征带”工程江西省瑞金市学习中心位于中央红军长征的出发地，它通过精心部署，扎实推进，使得项目宣传形式极具仪式感、庄严感和使命感。项目推进呈现五大特点：一是领导格外重视。“长征带”工程项目启动后，瑞金市委、市政府及各部门高度重视，全力支持和配合，迅速组建领导小组，制定实施方案，下发文件，推进落实。二是宣传格外给力。通过报纸、电视、网站、微信和口口相传等方式，塑造开放教育好形象。三是教师格外有感触。学员对国开情谊深切感铭，奋发学习，让教师格外有感触。四是学员因仪式感催生的幸福感格外强烈。如隆重举行了“长征带”工程助学金、奖学金发放仪式和脐橙种植培训班开班仪式。五是项目实施格外精细用心。例如，精心设置脐橙种植培训课程，诚邀优秀专家现场教学与答疑解惑，组织现场观摩等。

3. 国家开放大学开创多元格局，推进教育扶贫合作攻坚

《习近平扶贫论述摘编》指出：“坚持社会动员，凝聚各方力量。脱贫攻坚，各方参与是合力。”国家开放大学始终坚持大扶贫格局，抓住“多元主体”这个牛鼻子，积极与韬奋基金会洽谈协作。双方合作面向红军长征经过的12个省（自治区、直辖市）25个国家级贫困县国家开放大学基层学习中心援建的“国开—韬奋书屋”项目，便充分体现了国家开放大学利用多方力量推动扶贫的工作思路。此外，国家开放大学还广泛与社会上有爱心、有情怀、有社会责任感的社会团体、企事业单位携手，共同推进教育扶贫工作。

（七）项目实施的主要经验

1.“定点”与“定群”相结合

“定点”即定地点，是指“长征带”工程选定的扶贫区域为明确的25个县；“定群”即定人群，是指国家开放大学积累的面向特殊人群的相适宜的教学模式和经验。

国家开放大学将“定群”办学方式运用至“长征带”工程，有效促进“长征带”工程25个定点帮扶县出台多种扶贫举措，使扶贫项目扎实落地。积累的“定群”办学方式有：通过实施“一村一名大学生计划”，面向农村地区开设适用于农村发展的相关专业，培养“扎根农村、献身农业、服务农民”的实用人才；面向全国残疾人开展高等学历教育和非学历教育；面向军队士官开设军事特色专业和系列课程；推进老年教育、社区教育、全民艺术教育等非学历继续教育发展。

将“定群”办学方式和经验运用至“长征带”工程，表现为资助乡村基层干部、建档立卡人员就读具有当地特色的学历教育专业；围绕贫困县支柱产业和特色产业，开展与之相匹配的农村实用技术等非学历教育培训；面向贫困县信息技术水平有待提高的中小学幼儿园教师，开出“缺啥补啥”的药方子，开展中小学幼儿园教师信息技术培训。将“定群”办学方式融入“定点”扶贫工作，为“长征带”工程项目举措和扶贫方式提供有力支撑，巩固扶贫效果，提升国家开放大学基层影响力，为当地人才培养和乡村振兴夯实根基。

2. 统一规划与满足需求相结合

国家开放大学根据自身组织体系和教育信息化等优势，综合考量提高效率和可操作性等因素，面向“长征带”工程25个国贫县及学习中心统一规划项目类型，即由受援学习中心在学历教育项目①、非学历教育项目②和基础设施项目③三大模块内提出个性化需求，并形成“一家一策”的实施方案，在最大范围内，为受援学习中心提供尽可能多且具有操作性的项目选择，最大限度地满足受援学习中心的实际需求。表1、表2呈现了各受援学习中心项目模块相同、项目内容不同的效果④。

表1　河南省淅川县学习中心批复情况

受援地	类型	项目	批复额度
河南省淅川县	学历教育项目	资助乡村基层干部	280人(160专+120本)
		资助建档立卡贫困户	40人(专)
		专项奖学金	参评范围:受援学习中心2017~2022年每年在读学生数的10%(最高比例),奖励标准:每生每年1000元
		专项助学金	2017年入学的接受开放教育的学生和在读学生,以及2018~2020年入学的接受开放教育的学生(已获总部学费资助的受援学生除外),助学金标准:500元/人
	非学历教育项目	建档立卡贫困户职业技能培训(缝纫、电工、电焊工、电子商务)	200人
		中小学教师信息技术培训	400人
	基础设施项目	云教室	1间
		计算机机房	1间
		国开—韬奋书屋	1间

---

① 学历教育项目包括免费资助乡村基层干部、建档立卡贫困户就读接受教育，设立专项奖学金、助学金。

② 非学历教育项目包括各类农村实用技术、职业技能培训，中小学教师信息技术培训和农村电子商务培训等。

③ 基础设施项目包括云教室、计算机机房、数字化学习资源中心示范点和国开—韬奋书屋。

④ 项目调整情况未在表1、表2中呈现。

表 2　湖南省通道侗族自治县学习中心批复情况

受援地	类型	项目	批复额度
湖南省通道侗族自治县	学历教育项目	资助乡村基层干部(农村党员干部、致富带头人、村级后备人才)	180 人(专科 120 人,本科 60 人)
		资助乡村基层干部(乡镇干部)	60 人减学费
		资助乡村基层干部(乡村教师)	146 人减学费
		资助建档立卡贫困户	40 人(专)
		专项奖学金	参评范围:受援学习中心 2017 ~ 2022 年每年在读学生数的 10%(最高比例),奖励标准:每生每年 1000 元
		专项助学金	2017 年入学的接受开放教育的学生和在读学生,以及 2018 ~ 2020 年入学的接受开放教育的学生(已获总部学费资助的受援学生除外),助学金标准:500 元/人
	非学历教育项目	农业产业化(种、养)经营培训	90 人(共 3 期)
		旅游景点导游讲解员培训	90 人(共 3 期)
		农村电子商务培训	150 人(共 3 期)
	基础设施项目	云教室	1 间
		计算机机房	1 间
		数字化学习资源中心示范点	1 个
		国开—韬奋书屋	1 间

3. 学生资助与教师发展相结合

“长征带”工程既有资助学生学习的举措，也有促进教师发展的项目。资助学生的举措有：为所有国家开放大学“长征带”工程受援学生资助学（分）费，促进当地乡村基层干部、乡村教师、致富带头人、建档立卡贫困户等基层中坚力量学习知识，提升学历，提高自我，带动周边人，为乡村治理和乡村振兴建设夯实人才根基；为“长征带”工程受援学习中心接受开放教育的学生发放普惠专项助学金①，为学习成绩优异的学生颁发专项奖学金，以鼓励、支持和引导贫困地区接受开放教育的学生勤奋刻苦，奋发向上。

① 享受学（分）费资助的学生不再享受助学金。

助力教师发展的项目举措有：面向贫困地区中小学幼儿园教师开展信息技术应用能力培训，利用信息技术和资源优势服务义务教育阶段教师信息技术能力建设，为贫困地区普及多媒体教学贡献力量。此外，还面向“长征带”工程受援学习中心师生免费开放“向大师致敬——莫奈”油画移动课程学习班，对学习者学成后的油画作品进行慈善拍卖，并用所得善款继续滚动开班，既是面向当地师生的“机会资助”，又是促进当地师生全面发展的良举。

4. “扶智”与“扶志”相结合

习近平总书记提出“扶贫先扶志、扶贫必扶智”的精准扶贫思路，旨在激发贫困群体内生动力，使贫困群体从“要我脱贫”转向“我要脱贫”，从精神层面牢固树立自强、自信的思想观念。“长征带”工程同时重视扶智与扶志，通过资助学生接受学历教育，资助贫困县群众参加各类农村实用技术培训，从“扶智”角度，帮扶贫困群体增长科学文化知识；通过开展思想政治教育和德育教育，改进受援地区贫困人口落后的思想观念。例如，湖南广播电视大学通道侗族自治县学习中心开展的思政课讲座①，四川广播电视大学苍溪县学习中心开展的思政课教学实践主题活动②，通过深挖学生思想根基，使其牢固树立正确的价值观，进而形成“靠双手、靠自己、靠奋斗”的思想观念，从“扶志”角度，帮扶受援学生“立住”思想之基。

（八）项目拓展③

1. 参与教育部“三区三州”深度贫困地区教育扶贫

（1）开展“三区三州”教育情况调研

2018 年 5 月，国家开放大学赴西藏参与教育部“三区三州”教育精准

① 怀化电大：《“长征带”教育精准扶贫工程怀化通道学习中心进行思政课讲座》，2019 年 6 月 12 日，http：//www. ouchn. edu. cn/News/ArticleDetail. aspx? ArticleId = 87bbb188 – 2bfb – 4a93 – 83a3 – 936b2a421a9d&ArticleType = 2。

② 杨东建、龚超：《苍溪电大开展“不忘初心 牢记使命”思政课教学实践主题活动》，2019 年 6 月 20 日，http：//news. scrtvu. net/info/1005/11388. htm。

③ 项目拓展是指除国家开放大学“长征带”教育精准扶贫工程以外的项目。

扶贫脱贫专项调研。累计召开20场座谈（汇报）会，考察幼儿园、小学、初中、高中、职业学校和特殊教育学校等26所，走访8个建档立卡贫困户，回收学生问卷1783份，为教育部摸底“三区三州”地区教育总体情况做出贡献。

（2）草拟了相关扶贫工作方案

国家开放大学内部多次研究并起草了《国家开放大学“三区三州”深度贫困地区教育精准扶贫工程工作方案》和《进一步推进国家开放大学教育脱贫攻坚工作的意见》；国家开放大学依托自身办学组织体系积极促进“三区三州”地区乡村教师学历能力提升、援建云教室及面向当地农牧民等群体推广国家通用语言文字，对标对表落实“三区三州”深度贫困地区教育脱贫攻坚各项任务。

（3）推进落实国家开放大学“十三五”援藏援疆协议

2017年9月，国家开放大学和西藏大学签署了《国家开放大学“十三五”期间对口支援西藏大学共建国家开放大学西藏分部协议书》，国家开放大学自2017年至2020年，每年投入约200万元资金用来支持西藏分部建设。

2017年12月，国家开放大学与新疆广播电视大学和新疆生产建设兵团广播电视大学签署了《国家开放大学“十三五”期间对口支援新疆广播电视大学协议书》和《国家开放大学“十三五”期间对口支援新疆生产建设兵团广播电视大学协议书》。国家开放大学援助新疆广播电视大学开展建设云教室、课程资源等项目，援助资金折合人民币不低于800万元；援助新疆生产建设兵团广播电视大学开展云教室建设、课程建设和师资建设等项目，援助资金折合人民币不低于500万元。

2. 参与教育部援青扶贫工作

2018年12月，国家开放大学和青海广播电视大学签署了《国家开放大学、青海广播电视大学对口支援工作协议书》，拟通过加强信息化基础设施建设、共享优质教学资源、组织开展师资培训，以及实施乡村教师能力提升计划来开展帮扶工作。

3. 参与教育部定点帮扶地区河北青龙县、威县的教育扶贫工作

为落实教育部定点帮扶地区河北省青龙县、威县的教育扶贫工作，国家开放大学将河北省青龙县、威县纳入国家开放大学教育精准扶贫工程（2017～2020年）。截至2018年底，面向两县累计资助约220万元，直接受益人约2000人。

4. 参与教育部定点联系地区滇西片区的扶贫工作

国家开放大学根据滇西扶贫需要和自身的优势，在建设开通以资源提供和在线学习为主要内容的"滇西学习网"的基础上，进一步丰富课程资源。为滇西片区国家开放大学学习中心建设了10间云教室和1间分控中心，并提供日常运维指导和使用咨询服务，确保其稳定运行。

5. 参与教育部职业教育东西部协作行动计划

国家开放大学参与教育部职业教育东西部协作行动计划的形式是，由总部主动与地方开放大学（广播电视大学）结对协作，共建基层学习中心。即面向我国西部的四川省、贵州省、云南省、广西壮族自治区、甘肃省、宁夏回族自治区和陕西省7个省区14个国家级贫困县的国家开放大学基层学习中心开展学历教育项目、非学历教育项目和基础设施项目的教育援助。

6. 参与教育部推普脱贫攻坚行动计划

2018年9月，国家开放大学和语文出版社就推普脱贫事项进行了座谈并达成合作共识，并已签署完成相关协议。双方以《普通话1000句》为蓝本，合作开发制作国家通用语言文字微课资源，现已制作完成微课样片，正逐步研究制定推广和使用模式，为试点运行奠定基础。

7. 参与实施教育部教师信息技术培训计划（面向新疆阿克苏地区）

2018年9月27日，国家开放大学启动了面向新疆阿克苏地区沙雅县中小学教师的信息技术应用能力提升工程创新培训平台项目启动会暨骨干培训者培训会。计划在2018～2020年，分三年逐步完成对沙雅县85所学校的2609名中小学教师的信息技术应用能力提升工程创新培训。通过打造沙雅县中小学教师信息技术应用能力培训示范校，以点带面，以一个县城学校帮扶一至多所乡镇学校的模式，连片纳入培训，切实提高当地中小学教师信息技术应用水平。

8. 面向内蒙古自治区通辽市开展教育扶贫

2018年10月，国家开放大学和通辽市人民政府签署了《战略合作框架协议》。国家开放大学与内蒙古广播电视大学、通辽市委组织部和通辽职业学院（内蒙古广播电视大学通辽分校）合作开展通辽市苏木乡镇嘎查村千名干部能力提升计划，现已资助2018年度的294名嘎查村干部完成开放教育，其他援助项目已形成相关实施方案，未来将进一步推进方案落地实施。

三　问题与挑战

（一）学历教育专业和教学内容的适用性有待提高

依托全国办学组织体系发展开放教育是高等继续教育的重要形式，如何既保证开放教育质量，又紧密贴合贫困地区发展需求是开放教育当前面临的问题之一。依托云教室、计算机机房等教育信息化设备实现“全国一堂课”，将优质教学资源下沉至基层，能有效保证开放教育基础课和专业基础课的教学水平和质量，但由于我国面临区域性发展不均衡、区域间差异大等现实挑战，面向贫困地区，设计适用性强、贴合其本土需求的专业和教学内容的相关工作亟待推进。例如，“长征带”工程涉及的广西壮族自治区龙胜各族自治县和贵州省印江土家族苗族自治县等既是革命老区又是少数民族地区，需要在专业课课程设置上更加突出民族地区特色、地域特色，让当地接受开放教育的学生学习兴趣更浓，愿望更强烈，学习效果更好，促进教学改革和专业优化升级，继而提升开放教育的教学质量和发展水平。

（二）系统联动的协作力有待提升

与“长征带”工程相关的分部有12家，学习中心有25个，在推进项目进展过程中，系统联动性和“黏性”都不同。原因可能是国家开放大学各级办学组织体系单位归属当地教育行政主管部门领导，体系之间是业务指导关系，整个系统的协作力和向心力有待更成熟的运作机制加以引导和聚合。一方面，由于“长征带”工程与相关分部自身开展的扶贫工作结合程度有差异，相关分部在同时面对属地党委部署的扶贫任务和“长征带”工程时，在认知理解、组织领导、人员配置、推进落实和联动积极性等方面存在差异，导致“长征带”工程项目推进效果不一。另一方面，“长征带”工程依托“两级统筹、四级办学”的组织体系落实推进，执行链路较深，涉及主体多元，关系网络复杂，信息传递和沟通效果衰减可能性较大，“协作力”不足引发的一系列“后遗症”致使项目管理和监督有待跟进。纵向层面，“长征带”工程的细化实化需紧密依托相关分部和受援学习中心的强力支撑；横向层面，受援学习中心需积极与当地县委、县政府进行沟通协商，争取政策支持和帮助。纵横交织的关系网络，需要强有力的“协作力”的鼎力支撑。

（三）“教育+”扶贫的联动性有待加强

国家开放大学发挥自身远程开放教育优势启动推进“长征带”工程，是通过在自身擅长领域下足功夫，免费资助学员接受学历教育，为当地培养实用型、本土型人才；与当地特色产业相结合开设的非学历教育项目，多为“短平快”的培训项目，在一定程度上能够有效帮扶贫困县群众掌握实用技能，增长本领。但无论是学历教育还是非学历教育，都仅停留在教育扶贫领域，鲜有与产业扶贫、就业扶贫等其他扶贫方式交融推进的实践。例如，可以建立“农民技能培训+入驻合作社就业+龙头企业对接市场”的一条龙扶贫模式，系统全面地提升农户农村实用技术，并将其嵌入地方产业发展链条，促进教育扶贫与产业扶贫互融互促，立体帮扶贫困群众就业增收。

（四）多元化主体参与格局有待深化

精准扶贫工作需要凝聚各方合力，需要强有力的政策引领和支撑，需要调动更广泛的力量投入深度贫困地区脱贫攻坚的战场。当前，“长征带”工程的合作方为韬奋基金会，合作主体相对单一，数量相对匮乏，有待进一步拓展。在实践中，由于与企业、事业单位寻求适宜的合作契机和项目较为困难，沟通成本亦较高，一定程度上降低了拓展合作范围和加大合作力度的积极性与可能性，难以顺畅实现多元化合力攻坚的大扶贫格局。

四　建议与思考

（一）提升开放教育的“适应”能力

提升开放教育在贫困地区服务的“适应”能力刻不容缓。“适应”能力是指开放教育学历教育专业设置、课程教学内容和非学历教育培训内容在贫困地区的适用性程度。“适应”能力越强，开放教育扶贫方式对贫困地区脱贫需求的针对性越强，越能有效满足贫困地区脱贫需求。可从“需求端”和“供给端”提升开放教育的“适应”能力。“需求端”：加强对贫困地区教育脱贫需求的调研；“供给端”：在现有课程教学内容基础上，选择可塑性强的部分内容进行“因地制宜”式的课程设计和改造，或在专业设置中增加相关特色课程，以适应和满足贫困地区需求。提升开放教育的“适应”能力不仅能改善课程质量，亦能提升课程适用的广泛性和包容性，是质量立校的重要实践和突出表现。

（二）加强机制建设强化系统办学合力

体系联动不会因为有了体系的存在自然而然地产生，它需要成熟、规范的机制加以引导和巩固。当前，“长征带”工程在实施过程中利用体系联动合力攻坚的力度有待加大。未来，需要通过建立共同的战略目标、共同的价值追求、共同的利益关联和共同体认同感来逐步强化系统联动的根基。系统联动的根基落实于千千万万桩“小事”，如加强不同扶贫项目的融合、加强人员互访互派、打破课程资源的壁垒等。系统联动是一把打开开放教育的“钥匙”，事关彼此关切和自身利益，于“长征带”工程而言，更应该提升认识，以“系统观”和“大局观”推进，真正为老区人民做好事、做实事。

（三）发挥多元主体参与的积极性和创造性合力

宏观层面，办学组织体系要凝聚社会各界力量，集中优质资源，强化帮扶举措。深化现有合作主体的互惠互利关系，在战略需求引领下，拓展新的合作伙伴关系。中观层面，引导支持受援学习中心与当地党委和政府加强联系，争取地方支持，推进地方工作。例如，借助县扶贫办对当地贫困人口的数据掌握情况，核准参加“长征带”工程建档立卡贫困人员的资质；与县农业局加强联系，可以将“长征带”工程非学历教育项目与当地农村实用技术培训相衔接，有助于摸清培训需求，提高项目开展培训的可能性，提升地区影响力；与县委组织部或县教育局密切沟通，有助于推进“长征带”工程学历教育项目的宣传推广和组织带动。微观层面，激活被帮扶地区和人口的内生动力。贫困群体既是脱贫攻坚的客体，也是脱贫攻坚的主体。要通过广泛深入的宣传、教育、引导，促使贫困人口树立“宁愿苦干、不愿苦熬”的观念，充分调动他们脱贫致富的主观能动性，向他们讲清中央精准扶贫的政策和“长征带”工程，让“长征带”工程深入人心，从而调动他们广泛参与的积极性和主动性。最终多方合力，实现脱贫攻坚多元主体的“同频共振”，形成共建共治共享的新扶贫格局。

（四）谋划“后脱贫时代”稳定帮扶机制

“后脱贫时代”指的是贫困地区在政府或其他社会组织的帮助下，扶贫攻坚，成功摘掉贫穷的帽子后所处的一段巩固时期。[①] 贫困群众在实现了脱贫之后，往往面临诸多“返贫”风险。国家开放大学开展的“长征带”工程等扶贫项目正在如火如荼地推进，但在帮助老区摘掉贫困帽之后如何对其给予长远扶持，此类规划有所欠缺。鉴于此，国家开放大学办学组织体系仍要继续发扬“撸起袖子加油干”的拼搏精神，拿出“绣花功夫”，巩固已经

① 肖兴政、袁兰：《后脱贫时代农村人力资源增量的影响因素及对策研究》，《农村经济与科技》2018年第4期。

取得的脱贫成绩，提早谋划“长征带”工程等扶贫项目接续发展、服务乡村振兴战略等问题，做到“摘帽，不摘责任，不摘政策，不摘帮扶，不摘监管”；提高教育扶贫、产业扶贫和就业扶贫等领域的关联度，促进教育扶贫与产业扶贫、就业扶贫同步规划、同步实施，探索促进贫困人员嵌入地区发展链条，稳定就业，稳定收入，“扶上马后再送一程”，为根治贫困贡献力量。

展望未来，国家开放大学将以更深厚的情怀、更坚实的责任担当、更有力的举措推进“长征带”工程，为如期全面打赢脱贫攻坚战，为中华民族伟大复兴和全面建成小康社会做出新的更大贡献。

《中国教育发展与减贫研究》2019年第2辑
第150～162页

庆阳老区脱贫攻坚经验对做好教育扶贫工作的几点启示

石宝华*

【摘　　要】革命老区庆阳在扶贫对象识别管理和推进产业扶贫上有不少创新性做法。这些做法对教育扶贫的启示是：坚持教育扶贫与其他扶贫同等重要、同步推进；参照产业扶贫的做法更加精准细致地开展教育扶贫；把职业教育和技能培训作为教育扶贫的重头戏；进一步调动社会各界参与教育扶贫的积极性。

【关 键 词】脱贫攻坚　教育扶贫　调研报告　经验做法

2019年5月6日至11日，根据国务院扶贫办批准的调研计划，笔者带领中国老区建设促进会第二调研组，赴庆阳革命老区进行脱贫攻坚情况调研。此次调研，以甘肃省两个深度贫困县环县、镇原县的3个镇（环县的樊家川镇、合道镇，镇原县的孟坝镇）10个深度贫困村为重点，兼顾庆阳面上的情况，听取了市、县、乡（镇）领导及有关部门的情况介绍，与两个县3个乡（镇）10个村的领导、驻村第一书记、帮扶工作队队员和群众代表进行了座谈交流，走访了31家贫困户，实地察看了他们的养殖、种植

* 石宝华，中国老区建设促进会执行会长，长期从事军队政治工作研究。

项目和住房、水窖等生活设施。重点了解了这些地方的致贫原因、这几年脱贫攻坚的主要做法和成效、当前依然存在的突出困难和问题，听取了干部群众对下一步脱贫攻坚的意见和建议。

此次调研，对进一步做好贫困地区的教育扶贫工作特别是把握教育扶贫的努力方向，具有有益的启示。

一　坚持教育扶贫与其他扶贫同等重要、同步推进

庆阳是著名的革命老区。刘志丹、习仲勋等老一辈无产阶级革命家创建的以庆阳南梁为中心的陕甘边革命根据地，在中国共产党领导的中国革命历史上具有“两点一存”的重要地位：它是土地革命战争后期全国“硕果仅存”的根据地，是党中央和中央红军长征的落脚点，也是八路军三大主力开赴抗日前线的出发点。庆阳又是中西部贫困地区之一。此次重点调研的环县，地处毛乌素沙漠南缘，境内海拔高度在1200～2089米，年均降雨量只有300毫米左右，生态环境脆弱，自然条件严酷。镇原县境内千沟万壑，交通极为不便，群众生产生活存在着多困难。这两个县都是甘肃省深度贫困县，也是六盘山地区集中连片扶贫开发重点县。

庆阳老区的脱贫攻坚有四个突出特点：一是组织领导有力。市、县、镇各级都成立了脱贫攻坚领导小组，把脱贫攻坚作为头等大事和第一位的民生工程来抓，市委书记负总责，县、镇书记挂帅、出征、督战，包村干部、第一书记和村支书履行直接责任、具体组织实施。镇原县委、县政府与15名县级干部、19个机关部门、19个乡镇签订了脱贫攻坚责任书，要求县“四大家”主要领导每人包抓一个片区、主抓几个产业，并带头帮扶几个最贫困的农户；其他县级干部主抓一个村、联系一个乡。对脱贫攻坚的重点工作，坚持“周调度、月督查、季解析”，跟踪问效，一抓到底。二是帮扶力量强大。此次重点调研的10个深度贫困村，每个村都有“五个一”：一名县或镇的领导，一名外派第一书记，一个帮扶单位，一个驻村工作队，一名技术总负责。工作队队员和各级前来包户（不定期到村里活动）的人员加

在一起，使得一个村的外来帮扶人员有50~60人。三是工作思路清晰。按照“区分情况，一户一策”的思路，抓好对贫困户的精准识别和管理；按照“政府推动、政策扶持、市场运作、龙头带动”的思路，抓好以养殖、种植为主的扶贫产业项目；按照“清单管理、对账清零”的思路，抓好义务教育、基本医疗、住房安全等公共服务和社会保障政策的落实；按照“先易后难、稳步发展”的思路，抓好贫困地区水、电、路等基础设施建设。四是扶贫成效显著。调研走过的10个深度贫困村，2013年共有建档立卡贫困人口9459人，贫困发生率为50.05%。如今它们在党和国家的深切关怀下，经过各级党委、政府和基层干部群众的共同努力，贫困面貌有了很大改观。至2018年底，贫困人口减少6251人，贫困发生率下降到17.8%。从调研走访的31个贫困户的情况看，家家都有吃有穿，有新盖的或修缮过的住房，适龄的孩子都有学上，生病住院报销比例达到85%以上，“两不愁、三保障”问题已基本得到解决。

在整个脱贫攻坚过程中，庆阳市和环县、镇原县认真贯彻落实习近平总书记关于“治贫先治愚，扶贫先扶智”①，“让贫困地区的孩子们接受良好教育，是扶贫开发的重要任务，也是阻断贫困代际传递的重要途径”②等重要指示，把教育扶贫摆在突出位置，下大力气抓好落实。整个庆阳市贫困地区学前三年毛入园率达到95.57%，高出全省平均水平8个百分点；九年义务教育巩固率达到96.61%，高出全省4.6个百分点。在教育扶贫的具体工作上，他们突出抓了四个方面：一是对家庭经济困难学生应助尽助。严格落实义务教育“两免一补”、“营养餐”改善、建档立卡贫困家庭学生资助等政策措施，确保不让一个学生因家庭经济困难而失学。二是着力做好控辍保学工作。镇原县按照“找回坐稳”的要求，建立控辍保学“五长”（局长、乡长、校长、村长、家长）责任制，对义务教育阶段的1.87万人加强动态核查，一经发现辍学失学信息，便务必找到学生本人，千方百计动员其返校复

① 《习近平扶贫论述摘编》，中央文献出版社，2018，第68页。

② 《习近平扶贫论述摘编》，中央文献出版社，2018，第133~134页。

学。对 49 个本该上学却不上学跑到外地打工的青少年，已成功劝返 48 人。三是积极推动薄弱学校改造。环县合道镇改造薄弱学校 17 所，实现了有需求的行政村教学点、幼儿园全覆盖。环县樊家川镇维修村小学 8 所，整体搬迁新建小学 1 所，全镇 1417 名义务教育阶段学生无一辍学。四是大力开展贫困劳动力职业技能和实用技术培训（后文将进一步分析）。各级对教育扶贫重视程度之高，投入力量之大，措施办法之实，工作成效之好，已经超出了我们的预想。

调研中我们深切感受到，教育扶贫承担着“两不愁、三保障”之“保障义务教育”的底线目标，肩负着“五个一批”之“发展教育脱贫一批”的重点任务，更承载着阻断贫困代际传递的重大使命①，既是脱贫攻坚的重要组成部分，又为脱贫攻坚提供人才支撑和智力保障，在脱贫攻坚中发挥着基础性、根本性、决定性作用，是治本之策、长远之策、战略之策。贫困地区教育规模大、战线长，问题各异，情况复杂，困难重重，教育扶贫举步维艰、任重道远。因此，各级在脱贫攻坚工作中，必须把教育扶贫摆在与其他扶贫同等重要的位置，坚持同步推进。有人认为产业扶贫好推进、见效快，而教育扶贫费劲大、见效慢，因而积极抓产业扶贫，对教育扶贫重视不够。这是一种短视行为，需要予以认真纠正。在脱贫攻坚全局中，应当向庆阳那样，始终抓住教育扶贫不放。要把教育扶贫列入党委、政府重要议事日程，精心安排部署，及时分析调度。主要领导脑子里要经常装着教育扶贫的事，注意听取教育部门的意见建议，亲自出面帮助解决教育扶贫中遇到的特殊问题和困难。党政机关各部门都应当站在脱贫攻坚大局的高度，关心和支持教育事业，为教育扶贫尽一份心、出一把力。十年树木，百年树人。教育扶贫不可能一蹴而就，即使是 2020 年完成了脱贫攻坚任务，消灭了绝对贫困现象，也要把高度重视农村教育，全面改善相对贫困地区农村义务教育薄弱学校基本办学条件，积极扶持相对贫困家庭孩子上学，有组织有计划有针对性

① 陈宝生：《学习掌握和运用习近平扶贫重要论述　打赢打好教育脱贫攻坚战》，《习近平扶贫论述摘编》学习体会。

地搞好农村劳动力职业技能和实用技术培训等好经验、好做法坚持下去，做到持之以恒，久久为功。

二　参照产业扶贫的经验做法更加精准细致地开展教育扶贫

庆阳市在产业扶贫上有不少创新性做法。首先，他们在精准识别贫困户方面创造了“四种分类法”，即以劳动能力和收入来源为依据，把贫困户区分为四种类型，实行“一户一策”。一是有劳动能力且有一定技术的贫困户。全市共有1.41万户，占贫困户的24.2%。这类贫困户具备自我发展的能力，脱贫致富的意愿较强，但产业层次低、规模小，收入来源单一且不够稳定。对这类贫困户，鼓励并扶持他们因地制宜发展养殖、种植、加工等特色产业，政府对其实行产业奖补政策，金融、保险等部门为其提供创业服务，帮助他们实现自主产业发展脱贫。二是有剩余劳动力且可输转的贫困户。全市共1.4万户，占24.1%。这类贫困户一般都有人在外务工，但因为缺少技能技术，工作和收入都不稳定。对这类贫困户，主要是对他们开展市场需求度高、针对性强的职业技能培训，并全程跟踪为其提供就业服务。对留在家里的其他有劳动能力的人员，把他们纳入产业合作帮扶体系中，实现“就业增收+产业合作”脱贫。三是有一定劳动能力可打零工的贫困户。全市共1.8万户，占30.9%。这类贫困户一般家里子女尚小或有老人、病人需要照顾，只能在耕种几亩承包地之余就地找零工，没有稳定收入来源。对这类贫困户，把他们全部纳入产业合作扶贫体系中，实现产业合作脱贫。四是完全丧失劳动能力的贫困户。全市共有1.21万户，占20.8%。对这类贫困户，有3个帮扶办法：政策兜底；提供公益性就业岗位；纳入产业合作扶贫体系，让他们实现综合保障脱贫。

我们调研走访的31个贫困户，每家墙上都挂着一本由扶贫部门制订的《精准脱贫一户一策方案》，写有户主姓名、家庭成员、所在村组、联系电话、收入来源、耕地面积、致贫原因、脱贫措施、帮扶单位及责任人等10

个栏目21项内容。在这个本子上，贫困户贫在哪里，靠什么脱贫，预计什么时间脱贫，一目了然；谁来帮扶，帮扶什么，达到什么目标，一清二楚；贫困户可享受哪些特惠政策，也写得明明白白。对已经脱贫的农户，则制订了《"一户一策"巩固提升方案》，写有巩固提升计划、防止返贫措施以及年度动态调整情况，同样是实实在在，经得起看、经得起查。

在精准确定扶贫对象和具体帮扶对策的基础上，庆阳创造性地提出了"331+"产业扶贫模式（在"中国改革2018年会上"，这一模式被评为改革开放40年地方创新案例）。第1个"3"，就是组建龙头企业、合作社、贫困户三方联动的利益共同体，创新农业组织形式与经营机制；第2个"3"，就是推进"资源变资产、资金变股金、农民变股东"的"三变"改革，创新资源配置和经营方式；"1"，就是建立统一科学的品牌化质量管理体系，创新扶贫产业发展方式；"+"，就是"+党建""+村集体经济"。"331+"把千家万户贫困人口连接到产业链上，实现入股分红、稳定增收。

为保证"331+"的落实，庆阳市通过4条措施，建立了比较完善的产业扶贫合作体系。一是引进和培育龙头企业。全市参与带贫的龙头企业有134家，带动3.07万个贫困户稳定脱贫。二是大力扶持各类专业合作社。全市570个贫困村建成以种植、养殖为主的合作社共2410个，基本达到了"村村都有合作社、户户加入合作社、业业依托合作社、社社实现规范化"的目标。三是完善利益联结机制。龙头企业、专业合作社和农户之间建立委托生产、订单生产、入股分红、利润返还、保底分红等利益联结、合作共赢机制。对贫困户在每户落实2万元产业奖补资金的基础上，再增加2万至3万元产业扶贫贴息贷款，并由贫困户将这些钱入股产业互助专业合作社，形成了户托社养（种）、社托户养（种）、公司带养（种）等多种合作方式，龙头企业、合作社、村集体、贫困户按照一定比例进行利润分成，贫困户享受保底分红权益，保证了他们的长期稳定收入。四是多种办法帮助贫困户降低产业风险。我们在镇原县孟坝镇王湾村看到，贫困户种植万寿菊、螺旋菜等经济作物，都是由合作社与加工、销售企业签订合同，实行订单生产，保证产品卖得出去，并且贫困户可获得较高收入（种万寿菊每亩收入2000多元，种螺旋菜每亩收入 4000 元）；王湾村为养羊、养牛等 19 种产业缴纳了农业保险，解决了贫困户的后顾之忧；有关部门对从事养殖的贫困户建立免疫台账，统一消毒灭菌，降低了畜禽发病率、死亡率。这些措施，保证了产业扶贫的稳定性和实效性。

我们在调研中感受到，庆阳市产业扶贫的经验做法对教育扶贫具有借鉴意义。一是确定教育扶贫的对象要更加精准。各地应当仿效庆阳对贫困户的四种分类法，由教育主管部门牵头，在每个贫困村建立一本教育扶贫台账，标明村小学（教学点）、幼儿园有哪些困难需要解决，有哪些建档立卡贫困户的劳动力需要培训，有哪些建档立卡家庭的学生需要资助，由谁来负责，什么时间完成，达到什么标准，要落实到具体人、具体事上，并且做到教育主管部门明白，驻村第一书记、帮扶工作队、村干部明白，被帮扶对象明白。扶贫部门和教育主管部门要适时对照台账进行检查，完成一项销号一项，尚未完成的要加以督导，拖着不办的要追究相关人员的责任。二是教育扶贫的措施要更加细致。习近平总书记严肃指出：扶贫工作必须务实，脱贫过程必须扎实，脱贫结果必须真实[①]。这些要求同样适用于教育扶贫。执行国家教育扶贫的各项政策要严之又严，做到一丝不苟。比如，对建档立卡家庭贫困学子的资助、对集中连片特困地区乡村教师的生活补助要到人到账，不能漏过一项、漏掉一人；师资分配及教育资金安排向教育脱贫任务较重的地区倾斜要落实到具体单位、具体数目，不能只是空喊口号、空泛表态。教育扶贫的各项工作要细之又细，千头万绪的事情谁来干、怎么干、什么时候干、干到什么程度，不干或者干不好怎么办，都要有明确的说法。要真正做到习近平总书记在 2019 年强调的那样，坚定信心不动摇，咬定目标不放松，整饬问题不手软，落实责任不松劲，转变作风不懈怠，交出一份让人民满意的教育扶贫答卷。三是党建引领教育扶贫的作用要更加突出。庆阳产业扶贫的一个显著特点，就是充分发挥党建的引领作用。如及时调整整顿对推进脱贫攻坚不力的村党支部领导班子，将党性强、有能力、肯担当的优秀年轻干

① 《习近平扶贫论述摘编》，中央文献出版社，2018 年 8 月第 1 版，第 116～117 页。

部及时充实到村党支部领导班子中；在合作社和企业建立产业党支部，为其选派党建指导员；开展党员结对帮扶，发挥党员带动作用；等等。在开展教育扶贫工作中，也要认真贯彻落实习近平总书记在全国教育大会上的讲话精神，切实加强贫困地区学校的党组织建设，加强教师党员队伍建设，在派往贫困地区的支教助学队伍中建立党的临时组织，在推进教育扶贫中充分发挥党委的核心领导作用、党支部的战斗堡垒作用和共产党员的先锋模范作用。

三　把职业教育和技能培训作为教育扶贫的重头戏

此次庆阳调研，有两个与职业教育和技能培训有关的情况引起我们的注意并引发我们的思考。一个是，农村相对比较富裕的人家，大都是因为家里有一个有文化、有眼光、懂市场、会经营的经商人才，或是有一个精通一两门实用技术的能工巧匠。再一个是，职业教育和技能培训已经得到贫困地区干部群众的认可和重视，每一层级介绍脱贫攻坚情况时都会讲到这方面的内容，与大家座谈交流时也多被提及。许多贫困农民认识到了掌握知识技能的重要性，期盼得到与个人的养殖、种植、加工产业紧密关联，对增产增收有实际帮助的技能技术培训。由此得到一个重要启示：在教育扶贫中，应当把贫困地区的职业教育和技能培训突出出来，作为重点事情来办。要在现有工作基础上，投入更强的培训力量，开辟更多的培训场所，吸纳更多的培训对象，增加更多的培训内容，争取更好的培训效果。努力实现教育部等六部门制定的《教育脱贫攻坚“十三五”规划》提出的目标：每个人都有机会通过职业教育、高等教育或职业培训实现家庭脱贫。

要强化抓好职业教育和技能培训的紧迫感。从脱贫攻坚的实际需要看，现在距离2020年底实现脱贫攻坚目标时间不多了，但尚有数以千万计的贫困人口因为缺少知识和技能，难以通过发展产业实现增产增收，也找不到有稳定收入的就业门路。加强职业教育和技能培训，势在必行，迫在眉睫。从国家经济社会发展的全局看，随着我国产业升级和经济结构调整不断加快，各行各业对技术技能人才的需求越来越大，职业教育和技能培训的地位和作用越来越凸显。2016年12月教育部等六部门制定的《教育脱贫攻坚"十三五"规划》提出要"大力发展职业教育和培训，以提升建档立卡等贫困人口的基本文化素质和技术技能水平为重点，全面提升贫困地区人口就业创业、脱贫致富能力"。[①] 2019年2月国务院发布的《国家职业教育改革实施方案》明确要求"牢固树立新发展理念，服务建设现代化经济体系和实现更高质量更充分就业需要，对接科技发展趋势和市场需求，完善职业教育和培训体系，着力培养高素质劳动者和技术技能人才，为促进经济社会发展和提高国家竞争力提供优质人才资源支撑"。现在，有的地方对职业教育和贫困劳动力的培训缺乏足够的重视，培训什么人，安排哪些培训内容，培训场地、师资、经费如何解决，还没有落到实处。有的地方虽然搞了一些培训，但针对性不强，培训质量不高，对农民脱贫致富帮助不大。这种状况亟待加以改变。

要增强职业技能和实用技术培训的针对性、实用性。庆阳市环县、镇原县的贫困劳动力培训，一个显著特点就是顺应扶贫产业发展和农民打工就业需要，从当地贫困群众意愿出发，市场最需要什么、老百姓最欢迎什么就培训什么。镇原县依托党校、职教资源和一些有培训能力的大型企业，整合人社等相关部门的培训资金，采取"定制化""菜单式"方式，对贫困户劳动力开展精准培训。目前已完成培训6969人，其中职业技能培训3388人，实用技术培训3581人。镇原县孟坝镇提出了贫困户"家家有人培训，人人都有技能，户户都有就业岗位"的目标，目前已完成菜单式培训86人。环县建立了建筑、烹饪等13大类21个就业技能工种扶持菜单，计划对5823名贫困家庭劳动力进行技能培训，目前已完成培训319人。环县合道镇采取现场教学与实地操作相结合的方式，开展养殖、种植技术培训30余场2700余人次，开展电焊、烹饪、汽车驾驶、家政服务、缝纫、保育等实用技能培训1500余人次。他们还积极组织经过培训的人员参加市、县招聘会，已有700余人实现就业。

要办好贫困地区的职业学校。在这次调研中，一些基层干部群众讲

① 中国政府网。

道，过去孩子们不太愿意上职业学校，现在看到职业学校毕业生更容易就业，学习两三年就可以担起养家糊口的责任，所以开始对职业学校感兴趣了，报考职业学校的人数明显增多。由此可见，职业院校在教育扶贫中的作用是不容忽视的。国家高度重视职业院校的建设和招生，2019 年高职院校扩招 100 万人。《国家职业教育改革方案》明确要求“落实职业院校实施学历教育与培训并举的法定职责，按照育训结合、长短结合、内外结合的要求，面向在校学生和全体社会成员开展职业培训”。贫困地区应当顺势而为，下大力气办好职业学校和县域职教中心。职业学校要坚持以就业为导向、以能力为本位的办学理念，本着为地方经济建设和扶贫开发服务的原则，重点发展那些社会有需求、办学有质量、就业有保障的特色专业。职业学校要按照国家要求，积极承担面向农村贫困劳动力的培训任务，充分发挥其在教育扶贫中的主阵地作用。

四　进一步调动社会各界参与教育扶贫的积极性

习近平总书记指出“扶贫开发是全党全社会的共同责任，要动员和凝聚全社会力量广泛参与”①，“东西部协作和对口支援，是推动区域协调发展、协同发展、共同发展的大战略，是加强区域合作、优化产业布局、拓展对内对外开放新空间的大布局，是实现先富帮后富、最终实现共同富裕的大举措，必须长期坚持下去”②。庆阳的产业扶贫搞得好，一个重要原因就是得到了东部地区一些单位的有力支持。负责对口支援的天津市已为庆阳两个深度贫困县提供产业扶持资金 7000 多万元，其中环县 4200 万元，镇原县 3442 万元。中化集团等大型国企也在财力物力上给予了不少帮助。

贫困地区的教育扶贫同样离不开社会各界的广泛参与和大力支持。要充分发挥教育发达地区对中西部教育的对口支援作用。有媒体报道了这方面的

① 《习近平扶贫论述摘编》，中央文献出版社，2018，第 99 页。

② 《习近平扶贫论述摘编》，中央文献出版社，2018，第 101～102 页。

三个典型案例：一个是，2016年以来，上海市组织强有力的教师队伍开展“组团式”教育援藏，在对口支援的日喀则市，配合当地教育部门创办了上海实验学校，经过两地相关部门三年多的共同努力，该校已经成为具有上海特色、西藏特点的自治区示范性精品学校。援藏团队通过日喀则市上海实验学校，把上海市先进的教学理念与方法向日喀则市教师传播，并利用这一平台探索“线下”+“线上”的现代化教育传播方法，实现沪藏不同学校之间教育资源共享。另一个是，由国务院发展研究中心扶贫办牵线搭桥，北京市教委与地处太行山贫困地区的河北省大名县合作，实施了《高中教师能力提升三年帮扶计划》，通过组织大名县教师到北京跟岗挂职学习和集中培训、安排北京优秀教师到大名县进行专业指导，为大名县培养了一批高中教学骨干，使得大名县高中教学质量明显提高。报道者用了一个很好的题目概括此事：《帮得老师能力强，方使小花更芬芳》。还有一个是，北京丰台区职业教育中心学校，2017～2019年度共承担教育帮扶任务62项，涉及中西部贫困地区的职业学校10所，帮扶专业涉及电子商务、计算机网络技术、中西餐、汽车维修、学前教育、影像与影视技术、非遗产品设计与应用、航空服务八大类，开展学生专业技能提升培训1156人次、建档立卡人员就业创业培训384人次。

东部地区的教育行政部门和院校，应当学习仿效上海、北京的做法，积极响应党中央、国务院号召，踊跃投入对西部深度贫困地区的对口支援工作中，为改变贫困地区教育落后的面貌贡献力量。要欢迎和支持广大志愿者的支教助学活动。据贫困地区干部群众介绍，脱贫攻坚以来，有不少外地志愿者前来支教助学，有的是执行教育部“银铃计划”的退休老教师，有的是自愿支教的在校大学生和其他人员。他们以“先天下之忧而忧、后天下之乐而乐”的博大胸襟，远离亲人和舒适的生活环境，克服种种困难，向贫困地区的孩子献爱心，为发展贫困地区的教育事业做出了贡献。他们的这种崇高精神值得我们大家学习，贫困地区应当欢迎和支持他们的行动。要积极支持社会力量开展职业教育和培训。

国务院印发的《国家职业教育改革实施方案》提出，要建设多元的办学格局，鼓励有条件的企业特别是大企业举办高质量职业教育，同时支持发展股份制、混合所有制等职业院校和各类职业培训机构。最近几年民营培训机构发展很快，许多机构积极参与教育扶贫，在帮助贫困地区劳动力就业技能和农村实用技术培训上发挥了重要作用。浙江省老促会会员单位杭州兴华前进教育发展有限公司，与普通高校、职业院校和需要大批量用工的企业合作，通过一些地方老促会牵线搭桥，有意识地到中西部贫困革命老区招收未能考入大学、高中的“两后生”和其他有志青年，到东部地区接受职业技能培训并直接推荐他们到企业入职。该公司有 5 个校区，开设了“高级管理人才研修课程”“旅游管理（酒店管理）专业课程”“康养护理专业课程”“电子商务（跨境电商）及供应链研修课程”等多个热门专业，有在校生 4000 多人。我们认为，对主动参与教育扶贫的各类培训机构，各地应当给予支持，为他们提供方便、创造条件。当然也要按照国家要求加强监管，使之规范、健康发展。

从庆阳的实践看，要调动社会各方参与教育扶贫的热情，还有一个很重要的方面，就是激发扶贫对象的内在动力。陇东地区历来有着浓郁的崇文重教传统，学校苦抓、老师苦教、学生苦学的“三苦”精神延绵不断。镇原县被称为陇东教育大县，每年输送大中专学生 4000 多人，恢复高考以来先后有 56 名学子考入北大、清华。我们在该县的孟坝镇了解到，这里的农民特别看重对孩子的培养，日子再苦再穷也要送孩子去读书。但是我们也注意到，近些年，有些农村群众追逐眼前利益，对孩子上学重视不够，对参加职业技能和实用技术培训持消极态度。因此，应当使思想工作跟上去，有针对性地加强教育引导，激发教育扶贫对象的内在动力。要大力倡导尊崇教育之风，提倡做“耕读之家”。深入学习宣传习近平总书记关于发展教育事业、搞好教育扶贫的重要论述，积极弘扬“孟母择邻”“悬梁刺股”“凿壁借光”等优秀传统文化，引导贫困地区的群众把眼光放远一些，重视孩子的教育。这是对孩子的长远负责，是对他们的最大爱护，也是从根子上改变家庭贫困面貌的最有效途径。要引导大家树立凭本事吃饭的理念，形成活到老学到老的风气。使贫困群众认识到，无论孩子还是大人，都应当热爱学习，不懈学习，终身学习，积极参加各种培训，不断更新自己的知识。只有不懈学习，才能跟上时代的脚步。当今世界，知识信息更新很快，如果我们不努力提高各方面的知识素养，不自觉学习各种科学文化知识，不主动加快知识更新，那就难以增强脱贫致富的本领，也就没有办法赢得主动、赢得优势、赢得未来。要坚持正向激励与反向约束相结合。镇原县在脱贫攻坚中就是这样做的。他们建立了贫困户脱贫表彰奖励制度和“早干早支持，多干多支持”的帮扶激励机制，先后表彰奖励带头脱贫致富的贫困群众220名，以此引导贫困群众不甘贫困、自强自立、勤劳节俭、苦干实干，使他们争做有追求、有担当、有志气、有精气神的新型农民。他们还开展了农村精神文明示范工程建设，评选乡贤、最美扶贫人等先进人物，树立看得见、摸得着的身边典型，引导贫困群众懂感恩、明礼仪、知奋进。与此同时，镇原县还注意反向约束戒懒。加强村民自治组织建设，持续开展“传家训、立家规、扬家风”等主题实践活动，探索建立惩懒机制。对不遵守有关扶贫政策规定、情节恶劣的，给予暂停扶贫资金、项目、技术等帮扶措施处理；对有能力却不履行赡养义务的，进行批评教育，必要时进行公益诉讼。通过这些工作，少数贫困户存在的“等靠要”、盲目攀比、不积极主动参与产业发展、不履行赡养义务、婚丧嫁娶大操大办、赌博酗酒等问题得到了明显改善。镇原县这种正向激励与反向约束相结合的方法，同样适用于教育扶贫。调研中，有些干部群众建议，为了调动贫困群众参与教育扶贫的内在积极性，无论是资助贫困家庭学生完成学业，还是对贫困劳动力进行培训，不能一味地给予和提供无偿服务，应当设置一些条件和门槛，要求被帮扶者予以必要的回报。如完全由国家资助完成学业的师范院校、职业技术院校和普通高等院校学生，毕业后必须回输送地的县或乡镇工作，五年后方可离开；贫困劳动力参加政府组织的职业技能培训，应当缴纳一定的保证金，认认真真参加全程培训并取得合格证书的，保证金退回，中途溜走或是不认真参加培训拿不到合格证书的，保证金不退。

简而言之，上述认识就是要像抓产业扶贫那样来抓教育扶贫：摆对位置，力求精准，突出重点，大家来做。

《中国教育发展与减贫研究》2019 年第 2 辑
第 163 ~ 169 页

教育扶贫的“汉阴答卷”

——陕西汉阴县实施“四个精准”教育扶贫工作纪实

冯友松*

【摘　　要】如何确保一个不能少，一个不能掉队，补齐“最大短板”，是全面建成小康社会的必答题。教育扶贫是阻断贫困代际传递的根本之策，能够直接斩断贫穷落后的根源。陕西省安康市汉阴县探索实施“精准机制、精准建设、精准保学、精准培训”，助力教育扶贫补齐“最大短板”，有效破解了教育扶贫最基础的难题。

【关 键 词】教育脱贫　完善建设　精准实施

近年来，汉阴县教体系统紧扣促进教育公平和提高教育质量两大主题，坚守保学控辍和精准资助两条底线，重点在“精准机制、精准建设、精准保学、精准培训”上下硬茬补短板，持续发力，久久为功，取得了显著成效。

一　精准机制——为脱贫攻坚保驾护航

建立保障机制。汉阴县教体局成立教育脱贫办公室，由局长任总指挥，

* 冯友松，汉阴县教育体育和科技局，主要从事教育扶贫工作。

分管领导为责任副总指挥，专人统筹安排，制定精准实施方案和工作计划，在“经费落实、人员安排、工作措施”上优先保障，完善教育扶贫重点工作考核机制，形成“县级抓统筹、主管部门抓推进、学校抓落实、群众得实惠”的教育扶贫工作机制。

建立网格化管理机制。实施指挥高度统一，纵向到底、横向到边的教育脱贫网络管理，由教育局局长为总网格长，领导班子成员为挂联片区网格长，各督学责任区主任和辖区镇中心小学及单设初中校长为区域内小网格长，将全县分成东南西北和城区5个片区，局班子成员分区域分片抓落实，定期和不定期督导抓保学控辍、资助政策落实、特殊群体帮扶工作。并发挥8个教育督学责任区办公室督政督学的职能作用，按照各校生源分布，与行政区域相结合，划分若干个小网格，由各督学责任区办公室督导辖区各学校共同推进教育精准扶贫工作。

二 精准建设——办好农村每一所学校

三个全覆盖改善办学条件，让学校成为振兴乡村的最美风景。面对城乡二元结构矛盾突出，基础教育“乡村弱”“城镇挤”的突出矛盾，该县直面短板，大胆实践。一是实施标准化建设全覆盖。“十二五”以来累计投资7亿多元用来改善办学条件，相继完成迁建汉阴中学、新建小学4所、新建公办幼儿园5所、改扩建中小学57所、改扩建公办幼儿园16所等410多个项目，全县中小学幼儿园办学条件全部达标。拟在“十三五”期间投资近7.6亿元新建中小学幼儿园7所，增加学位15000余个，满足城镇化建设和国家全面“二孩”政策实施对教育资源的需求。二是教育资源配备全覆盖。投入0.39亿元购置教学仪器设备，投入400余万元配换课桌凳1.87万套，投入0.7亿元更新计算机教室61个、多媒体教学设备600余套，投入1000多万元建立5个校园录播室、5个校园电视台、4个智慧校园示范点，与陕西师范大学、华东师范大学合作建立STEAM示范校2所，装配学生电脑2700台，配备教师笔记本电脑1500台。三是教育结构优化全覆盖。推行公立幼儿园、公建民营幼儿园、民办幼儿园、普惠民办幼儿园，解决入园难、入园贵的现状，学前三年入园率达97.81%。优化整合中小学、农村教学点63所，高标准建设城区周边卫星学校，对城郊完小进行改扩建。实施“扩充布点增学位、整合资源调学位、均衡配置稳学位、加强管理控学位、支持民办教育补学位”五大举措，缓解城区大班额问题，在全市率先成立两个教育集团，高点定位发展高中教育，多措促进普高职高同步协调发展，实现高中阶段招生无分数线100%入学。

优化队伍建设，使农村孩子均衡享受优质师资。为破解农村师资留不住、用不长和城区师资下不去、不愿下的瓶颈，建立农村与城镇师资双向流动机制，汉阴县的典型经验先后被国家教育体制改革领导小组办公室、陕西省委全面深化改革领导小组办公室在《教育体制改革简报》和《调研与决策》刊登推广。一是落实放管服，优化教师管理改革。县委、县政府始终坚持落实教育优先发展战略，2014年县委、县政府确定教体系统的财务、人事工作归口教育部门管理，明确了教育部门在教师流动、经费管理、职称晋升、岗位聘用方面的自主管理权限，教育部门可在县编委办核定的编制总数内，按照学校办学规模自主核定管理学校编制，为教育扶贫在师资力量方面提供了强劲的工作动力。二是建立教师补充和均衡流动机制。通过高层次人才引进、特岗计划、事业单位招聘等渠道补充教师，自2014年以来新补充教师798人，录用服务期满特岗教师324人。出台《汉阴县中小学幼儿园教职工工作调动管理办法（试行）》，按照“遵循编制、岗位空缺、学科配套、网上公示”的原则，由“深山向浅山、浅山向川道、川道向城区、城区反赴农村”有序流动，五年来公开流动811人，校长教师交流轮岗694余人，200余名符合“出山进城”条件的教师自愿继续在农村任教。三是搭建五座桥梁，促进师资均衡配置。建立对口支援桥，建立大学区，由学区长学校选派优秀教师、管理人员到学区内其他学校交流任教，由强校带弱校，抱团共进。建立能手考核桥，制定《省市教学能手综合考核细则》，将赴农村学校任教1年和至少培养1名县级教学能手作为省市教学能手考核的基本条件，五年来有30余名省市教学能手到山区学校任教，培养230余名县级教学能手。建立留乡待遇桥，遵循“待遇向基层倾斜，高待遇向艰苦边远学校倾斜”的原则，按照 100～1500 元等次按月落实乡村教师生活补助，对部分乡村教师执行乡镇干部工作津贴制度，两项津补贴叠加最多者可月增资 2200 余元。将原来的编制、岗位设置调整为镇级管理，优化学校中高级岗位，有效解决乡村规模小的学校无中高级指标的突出问题。建立职称晋升连心桥，面对城区晋升职称难、山区中高级岗位空缺的实际，通过激励机制鼓励城区部分教师通过到农村任教来解决职称问题。建立干事创业桥，制定《汉阴县中小学校领导班子选拔任用工作办法》，用活“三项机制”，通过民主推荐、测评、考察、谈话、公示等程序，激励省市教学能手、骨干教师、中层领导到农村支持学校发展。四是加强教师培训和骨干引领作用。按照“精准培训”和“按需施训”的原则，五年来培养省市级教学能手和学科带头人 124 名，县教学能手 313 名，发挥了骨干教师的示范引领作用，帮扶乡村教师提高了教育教学能力。将“体音美学科培训”“中小学班主任培训”“名师工作站引领培训”“菜单式培训”等延伸到村小、完小，实现乡村教师培训全覆盖。

三　精准保学——抓好教育扶贫的起跑“点”

精准资助，让贫困家庭孩子不失学。落实“奖、贷、助、补、免”等多元化资助机制推进资助工作科学化、精准化。首先，落实政策，坚持六个到位。一是政策宣传到位，借助微信、网站等形式宣传资助政策，仅 2018 年就发放资助政策宣传册 30000 余份，教育惠民政策明白卡 10000 余份，使资助政策家喻户晓；二是过程规范到位，执行资助对象学校初审、县级复审和两级公示三项程序，并接受群众监督；三是责任落实到位，把资助工作纳入学校年终考评，层层落实责任和层层把关；四是资金管理到位，确保资助金发放和安全运行；五是档案管理到位，专人管理，做到规范有序；六是监督检查到位，落实“半年督查，年终审计”内审制度，确保建档立卡家庭贫困学生资助享受率达 100%。其次，多方联动，确保资助对象识别精准。严格落实家长、班主任、校长、资助中心、分管局长签字等程序，做到不漏一户一生。对漏登的学生，由学校初核后汇总，再经县学生资助中心逐校审核后确认。加强中小学生学籍管理，重点治理违规建立学籍、空挂学籍、跨区域代建学籍、以虚假信息建立学籍、学籍办理不及时等问题，按照“一人一籍、人籍一致、籍随人走”的规定，避免人籍分离现象，确保学生资助系统、学籍系统、扶贫开发信息系统无缝对应。最后，实现国家资助全覆盖。2018 年全年发放贫困幼儿补助 133.9875 万元 3573 人次，义务教育阶段贫困学生补助金额 942.975 万元 17130 人次，普通高中助学金 375.175 万元，职中助学金 159.2 万元 1592 人次。办理生源地贷款 2265 人，做到应贷尽贷。

精准帮扶，促进孩子心智健康发展。一是创新推行“三个一”教育扶贫模式。在全县中小学推行“一户一卡、一生一策、一教一帮”的“三个一”。落实“一户一卡”。出台《落实教育脱贫“三个一”工作的通知》《在全县开展教师结对帮扶贫困学生专项行动的通知》，建立建档立卡户学生“一户一卡”档案资料。实施“一生一策”。开展“千名教师大家访、携手育人斩穷根”访贫活动，鼓励教师利用课后和周末时间，走村入户宣讲《义务教育法》、《未成年人保护法》、惠民政策和“诚、孝、俭、勤、和”新民风，对建档立卡户学生做到四个优先，即在“学习上优先辅导、生活上优先照顾、活动上优先安排、资助上优先保障”。做实“一教一帮”。印发《教育扶贫“三个一”工作手册》，培养学生成为健康向上、积极乐观、自强自立的社会公民。全县学前三年教育入园率达到 97.81%，义务教育入学率、巩固率均保持 100%，高中阶段入学率达到 99.61%，实现教育扶贫“一个都不能少、人人有学上、人人上好学、人人能出彩”的目标，此创新做法先后被《陕西教育脱贫攻坚简报》《陕西教育》刊登推广。二是落实营养餐改善计划，保证孩子在校“吃得好”。坚持学校自主经营，按照国家 4 元钱标准让学生 100% 吃到享受，投资 300 余万元收回 15 所学校食堂经营权，自办自管食堂比率达到 97%。将炊事员工资全部纳入县财政预算，仅 2017 年便为 260 名从业人员补助资金 195 万元，并将标准化营养餐厅建设延伸到村级教学点。实施大宗食品和米面油肉“四统一”政府采购办法，确保食品营养、操作规范、安全运行。三是丰富文化活动，确保学生“留得住”。加强中小学科技和艺术教育，广泛开展体艺“2+1”和“两节一会”、体艺竞赛等活动，发挥学生社团作用，确保学生每天锻炼活动1小时，开展“大课间”活动和组织足球、篮球、乒乓球联赛，指导学校创建规范化心理健康咨询室，加强学生心理健康教育和心理辅导，促进学生健康发展。四是深化教学教革，确保学生“学得好”。全面推进教研教改，探索磨课、翻转课堂、研讨教学、驱动教学等教学方式，加强音乐、美术、体育教育信息化建设，校校通、班班通达到100%，推进国学书法进校园、初中分层走班教学，尊重学生的个性特质和教育规律，保证学生自主选择，有兴趣，能学好。

精准督导，守住保学控辍底线。一是落实精准督导控辍保学“七长”制。形成政府、学校和社会齐抓共管、常抓不懈工作机制。建立县长、局长、镇长、村长、校长、家长、师长控辍保学“七长”责任制。县长统筹和协调相关部门开展控辍保学工作，局长负责控辍保学工作的组织实施，镇长负责依法督促学生父母或监护人保障孩子接受义务教育权利，村长负责进村入户动员适龄儿童少年入学，校长负责控辍保学具体工作落实，配合镇政府、村委会做好辍学学生返校工作，家长依法保证适龄子女完成义务教育，师长（老师）对厌学学生通过心理疏导和谈心等方式进行引导，提供心理辅导和课业帮扶。二是落实“双线”督导问责抓控辍保学。按照以县为主的管理体制，明确双线责任。一条线是县长—镇长—村长—家长各负其责；另一条线是局长—校长—师长（老师）各负其责。将双线责任的落实纳入动态管理和双报告监管机制，各镇督学责任区每周给县政府教育督导室报送保学控辍“零报告”情况。严格履职考核，将控辍保学工作纳入县委、县政府对县级党委政府履行教育职责的年度考核体系，落实控辍保学督导机制、考核问责机制，建立约谈制度和通报制度，实行控辍保学督导检查结果公告、限期整改和责任追究制度。

四　精准培训——人人有致富之路的“金钥匙”

做强职教，扩宽群众学技学艺平台。探索“学历+技能”的教育扶志扶技机制，成立了由县委、县政府领导任组长，相关部门为成员的领导小组，建立职业教育联席会议制度，以省级现代农业示范县为基础，依托创建“第四批国家级农村职业教育和成人教育示范县”为契机，在热门专业上扩规模，在特色专业上创品牌，在重点专业上提质量，投资800余万元建立计算机操作、机电技术运用、数控车床等22个实训室，招生规模从最初的100余人增加到现在的1000余人，一大批贫困家庭子女走上升学就业之路。与西安外事学院、安康职业技术学院、西安烹饪学院等院校联合办学，打造特色烹饪培训基地，在东莞、苏州、昆山等地建立就业基地，连续三年分类招生考试录取率达100%。

志技双培，增强群众造血能力。汉阴县围绕“每一户贫困劳动力掌握一门实用技能”的目标，不断提升培训质量、规模和就业率。一是统筹培训规划，整合三大资源。整合硬件资源，在全县建立8所农民教育培训学校和115个村级（社区）流动培训点，建立以县职教中心为龙头、镇农民培训学校为骨干、村级培训点为基础的三级技能培训网络。整合师资团队，建立以职教中心、农林、人社部门为主和临聘社会专技人员为辅的培训团队。整合培训项目，按照“项目整合、资金捆绑、渠道不乱、用途不变、集中使用、各记其功”的原则，将人社、农林、扶贫等部门培训项目和资金进行整合，形成资金集聚、技术整合、措施配套、拼盘开发的态势。二是瞄准就业市场，创新培训模式。遵循市场就业需求，以本地就业为主、外地就业为辅、扶志培训和扶技培训相结合的方式，推行“1+1”初级技能培训。即实施1天“扶志”的通识培训，加强对党的惠农政策、村规民约、好家训家风等的宣传教育，转变群众“等、要、靠、拿”的依赖懒惰思想；推行1天“扶智”的技能讲座，到镇村开展实用技术推广讲座，两年来累行培训人数达6000余人。实施“2+5”提升技能培训。即开展2天知识讲座，根据学员需求及扶贫规划，制定教学方案、编写培训教材，开展畜禽养殖、果树栽培、食用菌栽培、电子商务等技能讲座；实施5天实践操作，将学员带到田间地头、养殖基地、农业园区、茶园基地、农产品加工车间、果树基地进行操作演练，两年来累计培训群众达7000余人次。汉阴县通过精准扶贫施策，精准培训就业，以小县联姻强大就业市场，提升了贫困户脱贫致富的内在动力，让群众有了持续“造血”的本领，开辟了教育扶贫的新途径。

《中国教育发展与减贫研究》2019 年第 2 辑
第 170 ~ 180 页

发挥自身优势　助力国家精准扶贫战略

——成都市技师学院开展职业技能扶贫的做法

滕　敏*

【摘　　要】成都市技师学院深入贯彻落实习近平总书记扶贫开发战略和中央、省市精准扶贫精准脱贫决策部署，充分发挥学院优势，积极履行社会职责，实施对口帮扶、精准扶贫，着力提升贫困群众脱贫致富能力，加快了被帮扶区域脱贫致富奔小康步伐。

【关 键 词】职业教育　教育扶贫　精准扶贫

成都市技师学院是由成都市人民政府主办的全日制国家公办学校，是四川省人民政府批准设立的第一所技师学院，是国家级重点技工学校，与成都工贸职业技术学院实行“两块牌子，一套班子”的双轨运行模式。学院先后获得世界技能大赛数控铣项目中国集训基地、全国职业教育先进单位、全国教育系统先进集体、国家技能人才培育突出贡献奖、国家高技能人才培养示范基地、全国技工院校一体化师资培训基地、四川省智能制造生产性实训

* 滕敏，成都市技师学院培训鉴定中心副主任，主要研究方向为技能培训与技能扶贫。

基地、四川省工业机器人虚拟仿真实训中心、四川省优质职教师资培养培训基地、四川省文明校园、全省脱贫攻坚“五个一”驻村帮扶先进集体、四川省依法治校示范学校等荣誉。

学院占地约650亩，建筑面积33万平方米。近年来，学院紧紧围绕中国制造2025、“一带一路”建设等，全面对接成都的智能制造、工业机器人、物联网等高端产业，开设了智能控制技术、工业机器人技术、物联网应用技术、新能源汽车技术、电子商务等40个专业。学院坚持把“校企合作、工学结合”贯穿于人才培养全过程，先后与成都航空产业园、成都智能制造产业园、中铁产业园等11个产业园区建立了战略合作关系，与中国航空工业集团、博世集团、英特尔、阿里巴巴、吉利汽车、西门子公司、中铁集团等世界500强企业深度合作，建有面向智能制造、工业机器人、物联网等高端产业的“车间化”实训场所100余个，各类高精尖的生产性设备价值逾2亿元。学院有教职工1078人，拥有副高及以上职称教师168人，具有技师及以上技能等级教师89人，“双师型”教师199人，拥有四川省突出贡献专家3人，省级大师1人，市级大师7人。

一　帮扶西藏技师学院

根据国家人社部的安排，学院成立了援助西藏技师学院项目建设办公室，指导西藏技师学院师资建设、教学组织等方面的工作。学院还积极充当西藏技师学院和其他技师学院沟通交流的桥梁，出面协调全国16所技工院校加入援助团队，确保帮扶西藏技师学院建设成有特色、高水平的技师学院。

（一）组织召开了项目评审会

2019年2月，学院组织召开了“西藏技师学院建设项目科研报告评审会（总体规划设计方案）”。国家人社部、省人社厅、西藏技师学院筹建办相关领导和援建专家，与学院党委书记陈超儒、院长凌红等领导一起，对建设方案进行了认真评审，提出了突出“四大亮点”、节能高效、提高可操作性等建议。

（二）深入实地开展调研

2019年4月13日，学院党委书记陈超儒作为西藏技师学院专家指导服务团专家，带队前往西藏技师学院进行调研，帮助西藏技师学院明确学校定位和发展目标，协助推进基础校舍、教学设施设备、课堂教学、师资组建、校企合作等方面的建设。

（三）指导实训场地建设

2019年7月初，协调援建西藏技师学院的设计公司到学院实地参观，调研校内实训场地建设。结合电气系、汽车系、轨道系、机械系等校内实训基地的建设及运行情况，将最新的实训场地建设标准、职业标准等要求与设计公司进行了深入交流。

（四）协调全国力量开展专业帮扶

学院组织人员对西藏技师学院的专业设置计划进行了讨论和研究，协助西藏自治区人社厅召开了对口帮扶西藏技师学院工作推进会，5个省（直辖市）的16所对口帮扶技工院校的负责同志和帮扶专业的系主任，针对西藏技师学院的专业建设开展一对一援助帮扶，促进西藏技师学院专业建设。

（五）派员开展支教

学院积极对接西藏技师学院的需求，协调援助各方解决当前困难。选派教师前往西藏进行支教服务，学院对进藏教师从思想上、生活上、工作上都给予了充分保障，让教师能安心、舒心、开心地开展援建工作。

二　结对帮扶贫困县和贫困村

学院先后承担了对口帮扶凉山州美姑县嘎姑乃拖村和马洛村、布拖县、巴中青莲村、简阳市大堰村、蒲江县洪福村的工作，投入资金 350 余万元提供帮扶服务。

（一）领导高度重视，教职工全员参与

1. 学院党委统筹负责，班子成员分工协作

学院党委高度重视对口扶贫工作，专门成立以学院党委书记为组长的对口帮扶精准扶贫工作领导小组，并将精准扶贫工作列入学院年度工作要点和领导班子自身建设内容。学院领导先后带队深入扶贫点与贫困家庭调查研究 20 余次、走访群众近百余人次，与当地政府反复论证，确定帮扶工作实施方案和实施路径。学院建立了班子成员定点联系扶贫点的工作机制，由每位院领导联系一个扶贫点，院领导每月定期带队前往扶贫点调研、督查扶贫工作，构建了学院党委统筹负责、班子成员负责到村到户的工作机制。

2. 精准选派驻村干部，获得群众高度认可

“精准”选派扶贫干部是精准扶贫的关键，学院根据扶贫点不同情况，确定了驻村任职党员干部暨第一书记的具体要求，除政治素质、工作作风底子要硬外，更需要因事择人，瞄准贫困的靶心，结合个人专业特长选出更加适合贫困村、贫困户的干部。学院要求驻村干部每周坚持至少 3 天走访贫困户，开展贫困因素的分析，找准穷困的病根；规定驻村期间为群众解决民生问题 10 件以上，主动宣讲党的十九大精神 4 次以上，坚决杜绝“走读式”“挂名式”现象。经过层层考核，学院先后派出了陈志欣、蒋斌等 7 名优秀党员干部，驻村蹲点负责精准扶贫工作，均获得了驻村点相关部门和当地百姓的高度评价，其中陈志欣、蒋斌两人被中共凉山州委评为“凉山州优秀驻村第一书记”，何英华在 2017 年度考核评定中被蒲江县委组织部认定为优秀，刘利被中共巴中市巴州区委认定为 2017 年度脱贫攻坚工作先进个人。

3. 党支部主动作为，教职工自发参与帮扶

按照学院党委统一部署，党总支（直属支部）主动作为，为扶贫点符合条件的困难家庭全部建档立卡，掌握了 302 个贫困户 1122 个贫困人口的基本数据。确定每个党总支负责 2 ~ 3 户困难家庭。通过大量走访摸清了每

户困难家庭的底子，掌握了每个人的基本情况，分析贫困家庭致贫的原因，发掘困难家庭自身的优势，有针对性地制定了符合家庭需要、满足个人意愿的帮扶措施，做到扶贫措施精准到户、精准到人。学院教职工对扶贫工作热情高涨，主动参与各类帮扶工作，借助教师的专业优势，主动用教学无人机为农户喷洒农药等，变被动帮扶为主动帮扶，在学院内部形成了上下联动、主动作为、人人参与的帮扶局面。

（二）实施党建扶贫，发挥战斗堡垒作用

1. 加强阵地建设，有效改善村委办公和便民服务条件

一是修建村文化走廊。学院出资20余万元建设简阳市大堰村文化走廊（文化院坝），并捐赠台式计算机2台、打印机1台，为村委提供了村级文化宣传阵地和解决了办公条件不足问题。二是修建村党建宣传栏。学院汽车系党总支为蒲江县洪福村出资1万元修建党员宣传栏2个，为村委捐赠党员阅读书籍50余本，“两学一做”专用笔记本50余本，为党员学习党的方针政策提供了基础平台和精神食粮。三是改建村活动场所。针对巴中市清莲村无村级组织活动场所问题，学院出资14万元翻新了原村小学墙体、装修了教室8间，为村“两委”班子和驻村干部提供了基本办公条件，为广大村民办事和参与村务管理、开展集中活动提供了硬件保障。

2. 开展结对帮扶，发挥学院基层党组织战斗堡垒作用

学院行政一支部、机械工程系党总支等10个基层党组织分别与蒲江县洪福村的杨友霞、骆邦元等10户贫困家庭建立了“一对一”帮扶关系，出资6.21万元开展技能培训，购买柑橘树苗、农业工具或节日慰问品等，让10户贫困家庭感受到党的关怀和温暖。学院行政二支部、电气工程系党总支等10个党总支（直属党支部）分别与巴中市清莲村的雷猛、王秀现等10户贫困家庭建立了“一对一”帮扶关系，先后出资近8万元资金用于购买鸡崽、猪崽、桂花树苗等，通过发展种植、养殖业提高贫困家庭经济收入，以达到使贫困家庭脱贫致富的目的。

3. 加强基层党组织建设，充分发挥党员的先锋模范作用

一是加强村党组织建设。学院驻美姑县嘎姑乃拖村第一书记蒋斌按照“帮钱帮人帮物、不如建个好支部”的思路，不断加强村党组织建设，建立健全党员岗位责任制，深入开展“两学一做”活动，进一步严肃党内政治生活，协助村级党组织完成换届工作。二是建立网络供销平台。学院驻蒲江县洪福村第一书记何英华，利用专业知识建设“蒲江大塘洪福特产直销店”淘宝和微信平台，为本村贫困户销售柑橘1300多箱，共7000余斤，直接为贫困户增加经济收入15000余元；联系上级主管部门和社会爱心企业，前后筹集帮扶资金100余万元。三是积极宣讲扶贫政策。驻巴中市清莲村第一书记刘利，利用“农民夜校”平台开展党建培训，积极宣传党的十九大精神、中央和省市脱贫攻坚政策，让偏远山区贫困群众及时了解党的扶贫惠民政策，增强他们战胜贫困的信心和勇气，提高主动脱贫致富意识。

（三）实施教育扶贫，改善教育教学环境

1. 加强教育基础设施建设

以美姑县教育局实施“一村一幼”学前双语教育计划为契机，2016年、2017年学院出资80万元在嘎姑乃拖村、马洛村各捐建幼儿园1所，当地78名适龄儿童开始接受学前教育，38名适龄儿童开始接受义务教育。这既有力地助推了当地实施“双语”教育计划，又有效地解决了当地适龄儿童长期上学难的问题。

2. 资助贫困生上学

学院坚持扶贫要先“扶智”“扶根”，教育要从娃娃抓起，分别为特困户曹述富、困难户黄建国的孙子提供了到学院学习机械加工和汽车维修专业的机会；为残疾家庭唐元吉的两个孩子唐文丽、唐灵凤捐助了学费和生活费。

3. 开展辅导员培训

2016年7月，学院与美姑县教育局对接，先后选派何莉、巨晶等5名专业教师前往美姑县开展为期6天的学前教育师资培训，为美姑县培训学前辅导员102名。2017年6月，学院对为美姑县选派的31名幼师开展了为期

8 天的教学技能提升培训。

4. 改善学生学习条件

学院教职工为美姑县依波窝村小学捐赠 3 万元用于购买学习用具，并动员爱心企业为瓦吉吉村小学捐赠 3000 元学习用具及 2000 元体育教育器材，为嘎姑乃拖村幼儿园学生筹集 5.28 万元用于购买过冬衣物。学院行政一总支发起“一日一蛋”活动，得到爱心人士支持，为马洛村、嘎姑乃拖村幼儿园贫困儿童提供了一年免费午餐。

（四）助推产业扶贫，提高贫困户经济收入水平

1. 发展柑橘种植产业

在蒲江县洪福村，学院出资 30 万元发展优质晚熟柑橘产业，新栽和改种柑橘近 1000 余亩。为畅通柑橘销售渠道，洪福村鹤天为农合作社、成都市技师学院、成都优果仓农业科技有限公司成立了农校企示范基地，推动该村合作社与四川维源农业科技有限公司签署供销协议，直接解决了果农的后顾之忧，提高了贫困农户的经济收入。

2. 发展羊鸡养殖业

在美姑县马洛村、嘎姑乃拖村，学院开展“决战贫困、党员在行动”示范养殖项目，并出资近 7 万元为建档立卡贫困户购买基础母羊和草科鸡，逐步壮大“借羊还羊、借鸡还鸡”规模，健全“市场 + 合作社 + 农户”的家禽业发展模式，先后为两村 81 户贫困户购买母羊 187 只、黑毛猪 50 头，发展黑毛猪养殖，种植“青薯 9 号”土豆 20 余万斤，户均增值千元左右。

3. 开展种植技术讲座

学院邀请成都果品协会会长为蒲江县 140 名贫困村民开展为期 3 天的柑橘和猕猴桃种植技术专题讲座。聘请专业人士对当地土壤进行取样检测，经过对土壤 pH 值、电导率等养分指标进行科学分析，确定了“千亩柑橘产业园·百亩柑橘观光园”产业提升计划。参培群众既学到了科学种植技术，提高了树苗种植成活率，又学到了果品保鲜储藏知识和市场营销技巧，提高了将种植成果转为经济价值的能力。

4. 创新合作发展模式

学院结合巴中市巴州区清莲村农业经济基础薄弱、农产品种植不成规模的特点，经过科学论证和村民研讨，确定了发展水果产业园区和观光旅游园区的方案，推行“公司＋合作社（基地）＋贫困户”的模式，通过大面积种植、规模化生产的方式，提高贫困家庭收入，带动和发展乡村农业休闲旅游产业。学院投入5万元建立产业试验区，实施开荒，修建机耕道，规模发展椪柑园和紫薇树景观树旅游园，通过合作社的形式让困难家庭入股确保其有稳定产业收入，同时积极促进合作社聘用当地村民，解决了困难家庭就业难题。

5. 助力当地农副产品销售

为帮助美姑县产业发展，学院在资金紧张的情况下请示成都市委、市政府，协调市财政部门在2019年度增加了20万元资金支持地方产业发展，用于为美姑县购买冷链车辆，解决山区农产品输送难题，持续提升当地群众经济收入。

（五）助推文化扶贫，开展申遗和技术讲座

鉴于文化是“五位一体”的重要组成部分，学院高度重视发掘当地文化资源，通过文化力量激活脱贫的内生动力，启迪群众心灵，鼓舞村民斗志。成都市蒲江县的川西二人转“幺妹灯”是当地非常有名的一种文化表演形式，为打造区域文化特色，丰富百姓文化生活，防止传统文化流失，学院出资10.80万元用于修缮舞台和陈列馆，并与成都云相集文化传播有限公司签约编排表演节目和录制宣传片，积极助推蒲江县大塘镇开展“幺妹灯”申报省级文化遗产工作。

（六）实施技能扶贫，提高自身造血能力

1. 开展农民技能培训

学院领导赴凉山州深度贫困县布拖县实地调研后，根据当地政府的实际需求，实施帮扶新型农民技能培训项目。截至2019年10月，学院共选派了8名教师共20余人次到布拖县开展了九期专项职业技能培训，为来自布拖

县合井乡、火烈乡、洛古乡等地的1171名家庭贫困人员提供了焊工、电工、砌筑工、灰土回填、墙面刷涂、中餐点菜、烹饪原材料切配、汽车美容、灯具安装等实用技能培训。

2. 开展职业技术培训

针对美姑县全县无职业教育培训机构、职业教育发展相对落后的现状，学院为当地贫困群众开展“建筑、焊接、汽修、幼师”等多方面职业技能培训。通过技能培训，实现了由帮扶单位“输血”到提高贫困群众自身“造血”能力的转变。

三　帮助在校学生

（一）承担藏区“9 +3”免费教育工作

自2010年秋起，学院共接收阿坝州13个县的三百多名“9 +3”学生，已经培养毕业生306人，现有在校生59人。学院打造了教学、管理、服务三位一体的综合教育平台，建立了《民族地区“9 +3”工作领导小组》《藏区学生教育教学管理规定》等制度，实行了混班混住制，开展系部领导干部包片，党员与学生结对子“一帮一”及学生“一对一”帮扶活动，组织各专业工种集训队。“9 +3”学生代表我院参赛获得国家级荣誉6人次、省级荣誉10人次、市级荣誉16人次；毕业生主要就业于中国核动力研究所、成都地铁、中国民航、一汽丰田等知名企业，就业率为99%。有16名同学通过高职单招考试进入高职院校，23名同学光荣参军，17名同学分别考取公务员、事业单位人员。2011级毕业生唐明瑞同学荣获2018年度州脱贫攻坚“先进个人”称号，2012级毕业生方振亚在2019世警会获得山地自行车项目铜牌，为国争光，为校添彩。

（二）实施“成都工匠人才培养实验班”项目

学院与成都市关心下一代基金会合作，自2017年起，共为342名贫困学生提供119.75万元的资助，多名受资助学生获省市技能竞赛一、二、三等奖。

四　扎实工作，对口帮扶成效明显

学院以务实的工作作风，全力落实国家精准扶贫战略，经过近几年的努力，使得对口帮扶村全部脱贫，由此获得了四川省、成都市相关部门的高度评价。学院新都校区党支部荣获“成都市教育系统先进党组织”称号，电气工程系党总支荣获“四川省级优秀基层党组织”称号。学院被四川省委、省政府认定为“全省脱贫攻坚‘五个一’驻村帮扶先进集体”。

（一）思想观念得到转变

在驻村干部和村委班子的积极引导下，各帮扶村大部分贫困群众逐步放弃“等靠要”的懒惰思想，将“要我脱贫”变为“我要脱贫”，发家致富奔小康的意识明显增强。蒲江县洪福村贫困户李祥林在江艳华老师的帮助下主动将茶园改成柑橘园，每年增收约4万元；巴中市清莲村贫困户岳永明积极发展养猪养鱼业，每年增收2万余元。

（二）村容村貌焕然一新

近年来，美姑县嘎姑乃拖村、蒲江县洪福村、简阳市大堰村等学院对口帮扶村逐步完善了教育基础设施、修缮了村委活动场所，实施了危房异地搬迁、改建了村级公共道路、连通了广播电视、开通了4G网络，民风民俗、村容村貌焕然一新，百姓实实在在地感受到国家“真扶贫”的幸福感。

（三）技术技能促进就业创业

学院为美姑县对口帮扶村近80名贫困孩子解决了上学难问题，培训师资约140人，培训贫困人口近1000人，当地贫困群众利用自己所学的知识和技能实现了充分就业，大大提升了自身内生动力。蒲江洪福村贫困村民骆安良在学院接受了为期1个月的免费焊工培训，拿到焊工技能资格证书并实现再就业后，每月可增加收入500元。蒲江洪福村贫困青年罗智远在学院汽车工程系学习了汽车美容技术后，回家开了一家汽车美容店，通过技能改变了命运，实现了他自主创业的梦想。

（四）激发村委干事激情

学院党总支与对口帮扶村村委“结对子”，起到了良好的引领示范作用。各村村委成员感受到基层党组织强大的战斗堡垒作用，村委干部带头脱贫致富的激情和信心得到了激发。蒲江洪福村村委成功换届后，村委班子战斗力和个人业务能力明显提升。新任村支书主动带领村委班子成员引进牛郎山酒厂，并为酒厂新征土地90亩用于帮助企业扩大生产规模，为当地村民新增近500个就业岗位。

（五）贫困群众致富能力持续增强

种植业规模逐步壮大，蒲江县洪福村柑橘种植规模达2300亩，猕猴桃种植规模达800亩，预计3年后，柑橘平均每亩产值约1万元，猕猴桃每亩产值约0.8万元。养殖业已初具规模，美姑县嘎姑乃拖村和马洛村81个贫困家庭养殖山羊320余只，合计经济收入25.68万元，除去成本每户可增加收入约2000元。

（六）提升教科研水平

学院在利用无人机技术为蒲江县大塘镇洪福村村民柑橘园喷洒农药的过程中，遇到无人机不能从下至上喷药的问题之后，学院科研处带领学生与成都轻云科技公司共同开发无人机植保设备，不但获得带喷雾装置无人机系统、防药液倾荡药箱、无人机减震装置等10项国家专利，而且进一步提升了学院的科研水平，同时也为当地村民节约生产成本两万余元。

图书在版编目(CIP)数据

中国教育发展与减贫研究. 2019 年. 第 2 辑：总第 4 辑 / 李兴洲，白晓，张琦主编. -- 北京：社会科学文献出版社，2020. 5

ISBN 978 - 7 - 5201 - 6579 - 2

Ⅰ. ①中… Ⅱ. ①李… ②白… ③张… Ⅲ. ①教育事业 - 关系 - 扶贫 - 研究 - 中国 Ⅳ. ①G52②F126

中国版本图书馆 CIP 数据核字（2020）第 069102 号

中国教育发展与减贫研究　2019 年第 2 辑（总第 4 辑）

主　　编 / 李兴洲　白　晓　张　琦

出 版 人 / 谢寿光
组稿编辑 / 任文武
责任编辑 / 张丽丽

出　　版 / 社会科学文献出版社 · 城市和绿色发展分社（010）59367143
地址：北京市北三环中路甲 29 号院华龙大厦　邮编：100029
网址：www. ssap. com. cn
发　　行 / 市场营销中心（010）59367081　59367083
印　　装 / 三河市龙林印务有限公司

规　　格 / 开 本：787mm × 1092mm　1/16
印 张：11. 5　字 数：177 千字
版　　次 / 2020 年 5 月第 1 版　2020 年 5 月第 1 次印刷
书　　号 / ISBN 978 - 7 - 5201 - 6579 - 2
定　　价 / 88. 00 元